Terceiro setor e gênero

INSTITUTO PRESBITERIANO MACKENZIE

CONSELHO DELIBERATIVO

Adilson Vieira
Presidente

ADMINISTRAÇÃO

Marcos José de Almeida Lins
Diretor Presidente

Fundo Mackenzie de Pesquisa – MACKPESQUISA

Antonio Carlos Oliveira Bruno
Presidente

Universidade Presbiteriana Mackenzie

Augustus Nicodemus Gomes Lopes
Chanceler

Manassés Claudino Fonteles
Reitor

Pedro Ronzelli Júnior
Vice-Reitor

Maria Izilda S. de Matos

Terceiro setor e gênero
Trajetórias e perspectivas

© 2005 Instituto Presbiteriano Mackenzie – Fundo Mackenzie de Pesquisa

Direitos de publicação reservados a:

Instituto Presbiteriano Mackenzie
Rua da Consolação, 896
01302-907 – São Paulo – SP
Tel.: (0xx11) 3236-8633 / 8444
www.mackenzie.com.br
mackpesquisa@mackenzie.br

Cultura Acadêmica
Praça da Sé, 108
01001-900 – São Paulo – SP
Tel.: (0xx11) 3242-7171
Fax: (0xx11) 3242-7172
www.editoraunesp.com.br
feu@editora.unesp.br

CIP – Brasil. Catalogação na fonte
Sindicato Nacional dos Editores de Livros, RJ

M382t
Matos, Maria Izilda Santos de
Terceiro setor e gênero: trajetórias e perspectivas / Maria Izilda S. de Matos. – São Paulo: Cultura Acadêmica: Instituto Presbiteriano Mackenzie, 2005.

Inclui bibliografia
ISBN 85-98605-04-2 (Cultura Acadêmica)
ISBN 85-89328-09-0 (Instituto Presbiteriano Mackenzie)

1. Associações sem fins lucrativos. 2. Organizações não governamentais. 3. Papel sexual. 4. Mulheres – Condições sociais. 5. Mulheres no desenvolvimento. I. Instituto Presbiteriano Mackenzie. II. Título.

05-2625 CDD 305.42
CDU 316.343.2-055.2

Nenhum homem (ou mulher) é uma ilha em si mesmo, cada um é parte do todo ... A morte (e a pobreza) de qualquer um me afeta, porque sou parte da humanidade; por isso, nunca perguntes por quem os sinos dobram; eles dobram por ti.

John Donne

Para uma grande amiga:
Malú (Maria Lúcia Carvalho),
por partilhar comigo lições da vida.

SUMÁRIO

Apresentação 11
Introdução 13

PARTE 1
MUNDIALIZAÇÃO, ONGs, REDES E TERCEIRO SETOR:
TRAJETÓRIAS, QUESTÕES E DESAFIOS

1. Tensões da mundialiazação 17
2. ONGs: trajetórias e desafios 23
3. ONG — ação, associação e categoria 29
4. Tramas de poder e de ação: ONGs e rede 33
5. Terceiro setor: questões e desafios 39

PARTE 2
DA INVISIBILIDADE AO GÊNERO:
TRAJETÓRIAS, PERSPECTIVAS, POSSIBILIDADES E DESENVOLVIMENTO

6. Trajetórias 47
7. Gênero: uma categoria útil de análise 55
8. Gênero e desenvolvimento 71
9. Novas experiências: empoderamento, promoção e defesa 79

PARTE 3
UMA QUESTÃO DE GÊNERO: ONGs

10. A pesquisa: foco e desenvolvimento 85
11. Os desafios: recursos financeiros, humanos e infra-estrutura . 95
12. Um território feminino: desafios de gestão 101

Algumas considerações finais 105
Referências bibliográficas 109
Anexo 119

APRESENTAÇÃO

Estes escritos explicitam antigas seduções: a da pesquisa e o exercício-desafio das questões de gênero. As atividades docentes, na PUC–SP e no Mackenzie, juntamente com o trabalho de orientação de várias pesquisas de pós-graduação, colocam-me diante de uma série de inquietações, abrindo possibilidades para o questionamento de um conjunto de abordagens e levando ao desafio de recuperar múltiplas experiências femininas e masculinas.

Nesse sentido, nos últimos anos, tenho procurado rever imagens e enraizamentos impostos pela produção acadêmica, bem como tentado conferir visibilidade a aspectos pouco focalizados da questão de gênero, tanto passados quanto presentes.

Este livro entrecruza alguns projetos que venho desenvolvendo, entre eles a pesquisa "Gênero, desafio para o Terceiro Setor", que contou com o apoio do Mackpesquisa, junta-se com outras incorporadas ao Núcleo de Estudos da Mulher da PUC–SP.

A trajetória desta pesquisa envolveu um árduo trabalho de cerca de três anos, no qual foram intercruzadas as informações de uma ampla documentação coletada em diferentes instituições e universidades. Além do levantamento de estudos em diferentes universidades e núcleos de pesquisa acadêmicos, a pesquisa incluiu em seus estudos outras instituições: Associação Brasileira de Organizações Não-Governamentais (Abong), Rede de Informações para o Terceiro Setor (RITS), Instituto de Estudos da Religião (ISER), Instituto Ethos e vários outros locais, com destaque para as ONGs RME (Rede Mulher de Educação), GIV (Grupo de Incentivo à Vida), Fala Preta, CDD.Br (Católicas pelo Direito de Decidir), CFSS (Coletivo Feminista Sexualidade e Saúde) e SMM (Serviço à Mulher Marginalizada).

O percurso desse trabalho foi pontilhado por inúmeros momentos de estímulo e apoio; em várias oportunidades, frações dessa pesquisa foram apresentadas, recebendo valorosas sugestões, aqui incorporadas. Deixo a todos meus interlocutores os meus agradecimentos, bem como às ONGs que cooperaram com a pesquisa.

Gostaria de agradecer, pela contribuição e o estímulo, a diferentes amigos: aos professores Custódio Pereira, Marcel Mendes e Maria Luiza G. Atik, às parceiras do NEM/PUC–SP e do NEGE/MACK e às professoras Maria Aparecida Pascal e Rosana Schwartz.

Muito se aprende no processo de realização de um trabalho como este, principalmente no que tange às pessoas. Agradeço ao George e ao Frank pelo auxílio da coleta do material e pelo diálogo constante. Deixo, também, registrado que esse trabalho não teria sido possível sem a estimulante convivência dos meus alunos e orientandos, que tanto instigam e mantêm vivo meu entusiasmo.

No desejo de encaminhar o leitor por essas páginas, gostaria de lembrar que elas se encontram organizadas em três partes, antecedidas de uma introdução. A primeira parte discute mundialização, ONGs, redes e Terceiro Setor, destacando trajetórias, questões e desafios. A segunda parte — Da invisibilidade ao gênero: trajetórias, perspectiva, possibilidades e desenvolvimento — rastreia as temáticas de gênero, enquanto a última unidade — Uma questão de gênero: ONGs — está centrada na análise de dados advindos da pesquisa, que buscou identificar as questões de gênero e suas referências com as ONGs e o Terceiro Setor na contemporaneidade brasileira. Levando a diante o desafio de abordar diferentes aspectos desse tema-questão, buscou-se determinar quais são as ONGs que incorporam as questões de gênero, sob que perspectiva, a partir de quando e em que aspectos; em quais delas essa questão é central; como as mulheres se encontram envolvidas nessas ações; como essas ONGs têm trabalhado com o voluntariado e como têm qualificado suas lideranças para ações de promoção e defesa com ênfase no gênero; e quais as principais ações, práticas e experiências dessas organizações.

Os múltiplos sentidos presentes na pesquisa geraram variadas interrogações e possibilitaram algumas interpretações, evidenciando este trabalho como uma possibilidade a mais de se discutir questões tão importantes como a das ONGs e a de gênero, ainda que seja mantida a latência de outras descobertas, perspectivas e interrogações.

Boa leitura
Verão/2004

INTRODUÇÃO

Na última metade do século XX, o planeta foi palco de experiências transformadoras e intensas alterações: o planeta se tornou urbano, novos fenômenos produziram estranhamentos, crises, guerras, atentados; surgiram novas tensões sociais, étnicas, geracionais. Esse conjunto de transformações se impõe na forma de desafios sobre os quais refletir e investigar.

No Brasil, pesquisas (IPEA/base 2000) atestam que 14,5% da população brasileira vivem em famílias com renda inferior à linha de indigência e 34% com renda inferior à linha da pobreza, correspondentes a 22 e 53 milhões de pessoas respectivamente. Desse total, 69,9% das famílias são chefiadas por mulheres. No mesmo sentido, dados da CEPAL e do BID confirmam que na América Latina[1] e no Brasil a pobreza é essencialmente feminina.

Nesses últimos cinqüenta anos, uma das mudanças mais marcantes, talvez a maior delas, ocorreu nas relações entre homens e mulheres, processo em que cabe destacar o impacto do crescimento da presença-visibilidade das mulheres em múltiplos e diversificados setores e que traz em seu bojo o desafio de incorporar as questões de gênero. Esse desafio vem sendo enfrentado por diversos setores em debates e ações indispensáveis para a academia, o Estado, as agências nacionais e internacionais, os sindicatos, os partidos e o terceiro setor; todos eles vêm assumindo amplamente a perspectiva de gênero em suas pesquisas, projetos, políticas, ações e programas.

---

1 Na Colômbia, Bolívia, Costa Rica, Equador, El Savador, Honduras, Nicarágua, Panamá, República Dominicana e Venezuela a incidência da pobreza em domicílios de chefia feminina é maior do que os encabeçados por homens. Montaño, Sonia. Políticas para el empoderamiento de las mujeres como estratégia de lucha contra la pobreza. In: Capital Social y reduccion de la pobreza en América Latina y el Caribe: en busca de un nuevo paradigma.

A sociedade brasileira é marcada por desigualdade social e de renda, por deficiências nas áreas de saúde, saneamento e expectativa de vida, por um alto grau de analfabetismo, pelo desemprego, pela fome. De um lado a crise social vem se agravando, como mostram os índices alarmantes de desemprego e subemprego, que geram uma verdadeira avalanche de demandas para o sistema público de saúde, educação, assistência social etc.; de outro, o Estado não tem tido a capacidade de atender a essas demandas satisfatoriamente.

Nessa conjuntura de tensões vem crescendo a conscientização da sociedade sobre a responsabilidade por ações transformadoras, possibilitando o crescimento e a expansão das ONGs e do terceiro setor. Apesar do crescimento desses setores, sua grande potencialidade de expansão ainda se encontra represada. Faz-se premente, portanto, que as questões envolvidas com sua realidade sejam objeto de pesquisa, reflexão e análise.

As presentes reflexões procurarão discutir as questões de gênero na interface com as tensões sociais e a emergência das ONGs e do terceiro setor, rastreando trajetórias, impasses e perspectivas dessas instituições no que diz respeito às questões de gênero, desenvolvimento, capital social, comunidade, solidariedade e ações transformadoras como empoderamento e promoção e defesa.

PARTE 1

MUNDIALIZAÇÃO, ONGS, REDES E TERCEIRO SETOR: TRAJETÓRIAS, QUESTÕES E DESAFIOS

1.
TENSÕES DA MUNDIALIZAÇÃO[1]

As tensões contemporâneas emergem num mundo em que os princípios de dominação assumem uma complexidade de formas, processos e ações marcados por tensões, contradições e dilemas. Apesar da existência de centros hegemônicos, há diversos outros pólos de poder, o que possibilita o crescimento de articulação entre forças sociais, resistências, formas de cooperação e de solidariedade, que, por sua vez, promovem uma gradual generalização de idéias e valores em torno dos direitos civis e políticos, por um lado, e dos sociais e culturais, por outro. Essas idéias e esses valores vêm dando sustentação ao conceito de cidadania global, que, juntamente com a crise da noção de progresso centrado no crescimento econômico, favoreceu

---

1 Os conceitos de mundialização e globalização vêm sendo amplamente utilizados em debates acadêmicos e políticos nos últimos anos, porém essas concepções são múltiplas, cabendo destacar o caráter multidimensional da mundialização, que envolve processos financeiros, econômicos, ambientais, políticos, sociais, culturais de alcance mundial e também nacional, regional e local, sendo nitidamente marcada pelo caráter desigual dos atores envolvidos.

a expansão das preocupações de ordem ambiental, a busca de qualidade de vida, justiça, ética e eqüidade social (Castoriadis, 1987).

A mundialização não é um processo recente, mas possui raízes históricas profundas. As mudanças radicais nos espaços e no tempo geradas por tal processo produziram novas dimensões, que, por sua vez, geraram transformações qualitativas em relação ao passado. As origens do processo contemporâneo de internacionalização remontam ao surgimento do capitalismo na Europa moderna, palco da expansão marítima e comercial dos séculos XV e XVI. Essa expansão capitalista se constituiu num fenômeno histórico com alcance verdadeiramente mundial, apesar de incompleto, atingindo com maior intensidade certas regiões, como a América.

Outra fase significativa da mundialização engloba o período entre 1870 e 1913, caracterizado pela grande mobilidade de capitais e mão-de-obra, juntamente com o apogeu comercial advindo da dinamização de conexões por meio do transporte a vapor (náutico e ferroviário) e do telégrafo. Essa etapa foi interrompida pela Primeira Guerra Mundial que iniciou um período (anos 1920 e 1930) de franca retração do processo.

Depois da Segunda Guerra Mundial, inicia-se uma nova etapa (1944-73) de integração global marcada pela Guerra Fria, pela notável expansão comercial, com variedade de modelos de organização econômica e limitada mobilidade de capitais e mão-de-obra, e também pelo esforço de criar órgãos internacionais de cooperação.

O último quartel do século XX pode ser identificado como um outro período do processo de mundialização; esse momento caracteriza-se pela gradual generalização do livre-comércio, pela expansão das empresas transnacionais e pela grande mobilidade de capitais, evidenciando-se uma tendência à homogeneização de modelos de desenvolvimento e as restrições ao movimento de mão-de-obra (Ocampo, 2002, p.18-20).

Esse processo também atuou no sentido de reduzir distâncias e custos (pelo desenvolvimento dos meios de transporte), criar possibilidade de transmitir informações em "tempo real" com o aperfeiçoamento das tecno-logias de informação e comunicação (telégrafo, telefone, televisão, internet), bem como ampliar o acesso a tais tecnologias.

O processo de mundialização está associado à interdependência e à integração crescente dos mercados, ao aumento do comércio e das trocas internacionais de bens e de serviços, à desregulamentação e à abertura dos mercados vinculados à economia com práticas políticas neoliberais, bem como à expansão acelerada de informação e de novas tecnologias nas áreas de microeletrônica e redes.

Desde suas origens, esse processo histórico é marcado pela desigualdade dos envolvidos, com a crescente polarização entre países do Norte e do Sul (Santos, 2000; 1997). Calcula-se que 15% da população produz e consome 70% de toda a riqueza mundial, enquanto um bilhão de pessoas vivem em pobreza absoluta; a má nutrição e a fome também aumentaram até mesmo nos países do hemisfério Norte.

A regionalização, uma outra face da mundialização, amplia os mercados regionais (União Européia, Alca, Mercosul); pólos econômicos se consolidam como centros — Estados Unidos, Japão, Europa — e simultaneamente tornam-se investidores em outros países, reforçando a expansão das multinacionais e criando uma dinâmica entre o global, o nacional e o local (Labrecque, 1997, p.51).

As conseqüências socioeconômicas desse processo não são as mesmas para os países do Norte e do Sul e, no interior de cada um deles, para as diversas regiões. O processo de internacionalização do capital tende a agudizar a diversidade e a heterogeneidade das experiências, incluindo as situações de trabalho, de emprego, de formas de inserção das mulheres e dos homens, do Sul e do Norte. Se, em algumas áreas, as mulheres se beneficiam com a expansão das oportunidades de trabalho, o crescimento das possibilidades de instrução e o acesso à contracepção, elas sofrem proporcionalmente mais do que os homens nos processos de recessão, desemprego e nas jornadas do cotidiano.

De um lado, a dinâmica da globalização revela a centralidade da esfera privada. O mercado global supõe uma divisão social e sexual do trabalho transnacional com o acesso desigual dos trabalhadores, mas esse capital globalizado não poderia manifestar-se sem se apoiar sobre as mulheres, que, na família, continuam a alimentar o globo. De outro lado, em um nível intermediário, os projetos nacionalistas e/ou étnicos levam a confinar as mulheres à sua função maternal. O novo mercado mundial, depois do fim da Guerra Fria, impõe redefinições para as nações que procuram seu lugar a partir de manipulações raciais e sexuais. (Hirata & Doaré, 1999, p.26)

As questões em torno da mundialização envolvem intensas polêmicas e controvérsias, que promovem múltiplas interpretações, versões híbridas, ecléticas, específicas dos diferentes campos de análise (Beck, 1999; Santos, 1997; Cortez, 1997). Se na década de 1970; as análises valorizavam os aspectos econômicos, destacando as desigualdades das trocas econômicas, a partir da década de 1980 também vêm sendo incorporadas as dimensões política e cultural, articuladas ao econômico, tecnológico e social.

Sob o foco da cultura política num contexto de mundialização, cabe destacar que, apesar de tendências à homogeneização, cresceram as convivências multiculturais (Canclini, 1995), ampliando possibilidades de intercâmbio entre várias culturas (locais, regionais, nacionais e transnacionais), bem como a potencialização da circularidade cultural. Os vetores de homogeneização geraram reações que incluem a reafirmação de fundamentalismos tradicionais e a criação de novos, regionais, étnicos, religiosos e políticos,[2] bem como a fragmentação societária com a proliferação de tribos identitárias (Maffesoli, 1987).

Com a globalização ocorre uma metamorfose do sistema de desigualdade social no capitalismo para um sistema de exclusão social. Neste novo cenário, as lutas sociais relevantes serão pela inclusão social de setores sociais que antes eram excluídos por estarem em desigualdade socioeconômica e que agora estão excluídos também por suas desigualdades socioculturais (dados pelo sistema educacional, pela raça, pela etnia, sexo, etc). As políticas sociais tendem a ser formuladas para o atendimento de clientelas específicas, agrupadas e categorizadas como: índio, negro, mulher, terceira idade, menino de rua, etc.) ou habitação. (Gohn, 2001, p.11-2)

---

2 O fundamentalismo seria uma busca de proteção em doutrinas específicas, como forma de recusa a engajamentos discursivos que um mundo de comunicação cosmopolita tende a reforçar (Guiddens, 1996, p.100).

Assiste-se à denominada "globalização de valores" e ao crescimento de movimentos que deram origem ou estão ligados a Organizações Não-Governamentais (ONGs). O reconhecimento da importância do trabalho das ONGs pela sociedade mundializada ganha força a partir da década de 1980 e adquire importância/visibilidade no decênio seguinte, com o empenho na construção de uma agenda social global. O enfraquecimento das ações tradicionais soma-se à vitalidade dessas novas instituições, com novas formas de lutas e propostas, entre elas a preservação do meio ambiente, a busca da eqüidade no tratamento das questões de gênero, o combate às discriminações étnicas, religiosas e culturais, a inclusão social, marcadas não só pela solidariedade dos ricos para com os pobres, como também pela das gerações presentes para com as futuras.

2.
ONGs: TRAJETÓRIAS E DESAFIOS

Se na contemporaneidade as dimensões da desigualdade e da opressão se ampliaram, também as ações transformadoras se diversificaram e pôde-se assistir à emergência de novas formas de lutas globais. Merecem destaque os movimentos ecológicos/ambientalistas, das mulheres, dos direitos humanos e dos operários de diferentes países que trabalham numa mesma empresa multinacional. Essas formas de luta vêm sendo desencadeadas por promotores heterogêneos, com práticas e modos de organização diversificados, geralmente ligados à denominada "globalização de valores" (CEPAL, 2001), entendida como a extensão gradual de princípios éticos comuns articulados à emergência de novas experiências, com destaque para as ações ligadas às Organizações Não-Governamentais (ONGs).

O reconhecimento das ONGs se afirmou e se popularizou a partir da década de 1980 e ganhou importância mundial no decênio seguinte, sobretudo após a Eco-92. O termo passou a ser incorporado pelas agências internacionais para denominar as organizações responsáveis pela implementação de projetos de promoção do desenvolvimento (Scherer-Warren, 1999).

Cabe rememorar que foi após o fim da Segunda Guerra Mundial que a expressão Organização Não-Governamental passou a ser difundida. A ONU utilizava o termo para referir um conjunto muito variado e heterogêneo de organizações internacionais atuantes no âmbito supranacional e que tinham ação de importância, como a OIT – Organização Internacional do Trabalho, a Cruz Vermelha Internacional, a Unesco e a FAO.

As décadas de 1950 e 1960 foram marcadas por um conjunto de tensões e manifestações — as lutas dos negros, as campanhas pacifistas, os movimentos feministas, dos homossexuais, dos estudantes e de outras categorias que lutavam pelos direitos sociais, políticos, culturais etc. — que possibilitaram o surgimento de outros tipos de ONGs, atuantes em diferentes campos. Elas se distanciavam do perfil caritativo ou filantrópico. Umas redescobriram ideais utópicos, outras propuseram novos projetos, investindo em grandes campanhas educativas, em diferentes áreas, envolvendo-se em novas lutas, ecológicas ou de defesa dos direitos humanos, contra as diferentes formas de violência e a favor da anistia (Gohn, 1999).

Essas novas experiências políticas articulavam práticas sociais inovadoras e possibilitavam o surgimento de sujeitos históricos dispostos a enfrentar novos desafios e proporcionar experiências de cidadania assentadas na solidariedade e identificadas com os princípios de responsabilidade individual e coletiva. Grande parte dessas práticas foi gerada em movimentos sociais e fortalecida pela vocação para a luta pela cidadania e pela justiça social. Nesse sentido, não se pode esquecer que o processo histórico de emergência dessas ações na América Latina esteve marcado pelas tensões em torno da democratização desses países, com várias formas de atuação e articulação de múltiplos movimentos sociais.

No Brasil, apesar da anterioridade de iniciativas similares,[1] foi sob o contexto desfavorável dos governos militares que surgiram movimentos de opo-

---

[1] No Brasil, as ditas organizações voluntárias, ou sem fins lucrativos, se fizeram presentes desde o Período Colonial, das quais são exemplos típicos as Santas Casas e outras instituições ligadas à Igreja Católica. No final do Império, juntamente com a expansão da urbanização apareceram ações/organizações filantrópicas dispostas a assistir crianças, órfãos, velhos, doentes, cegos, entre outros. Nesse mesmo período, com a chegada maciça de imigrantes, estes constituíram organizações de mútua

sição e resistência ao regime que ocuparam espaço social e político. Incorporando toda uma diversidade de ações, alguns lutavam pelos direitos dos presos políticos, contra as torturas, enquanto outros atuavam no campo da organização popular, reivindicando melhores condições de vida. Nos âmbitos dos bairros, creches, escolas e principalmente igrejas, as ações foram marcantes, por melhores condições de saúde, alimentação, educação, saneamento básico, transporte, habitação, carências de uma população excluída do processo de urbanização.

Como os espaços tradicionais de expressão política se encontravam fechados, organizavam-se formas alternativas de atuação, muitas vezes em torno de uma luta por necessidades imediatas, nesse processo em que se engajaram sujeitos coletivos e políticos. Entraram em cena novos personagens e novas lutas, o que aproximou movimentos e grupos de oposição ao regime militar aos movimentos sociais populares urbanos. Delinearam-se ações de participação na sociedade civil, que concorreram decisivamente para a queda do regime militar e para a transição democrática no país (Sader, 1989; Souza-Lobo, 1991; Matos, 2003).

Nos anos 1970, espalhavam-se pelo país os "centros de educação popular", de "promoção social", e, logo depois, de "assessoria e apoio", num

---

ajuda, mútuo socorro. Essas ações mutualistas, profissionais e sindicais vincularam-se a grupos étnicos e se expandiram nas cidades, palco de outras organizações caritativas e filantrópicas. A década de1930 inaugurou um período de expansão da ação do Estado, que com seu projeto corporativista buscou atrelar a ele sindicatos e organizações previdenciárias, mas reservou espaço para as instituições privadas sem fins lucrativos, que proliferaram nas áreas de saúde, educação, assistência e lazer, apresentando como novidade as iniciativas patronais. Também nesses anos foi estabelecida a legislação regulamentadora dessas relações, tendo como pressuposto a aliança entre Estado e Igreja Católica e mantendo as marcas do corporativismo e do clientelismo. O associativismo no Brasil tem sua história na interface do Estado, mantendo essas referências entre 1945 e 1964, período em que a maioria dos movimentos associativos visava em sua atuação a inter-relação e até a intervenção por dentro do aparelho do Estado. As transformações advindas do golpe militar de 64 carregam ambigüidades, pois tal regime ao mesmo tempo reprimiu e produziu as condições para o surgimento de novos movimentos e organizações coletivas. As atuais ONGs originam-se nesses anos e se ampliam a partir de meados dos anos 1970.

quadro marcado pelos paradigmas marxistas, pela educação freiriana e pela Igreja da teologia da libertação. Na década seguinte, as articulações passaram a ser institucionalizadas, adquirindo concretude organizacional. Nesse momento era possível perceber a aproximação/vinculação de movimentos e grupos da esquerda ou de oposição ao regime militar às ONGs, que poderiam ser denominadas ONGs cidadãs e militantes.

No Brasil, nos anos 70-80, as ONGs cidadãs e militantes estiveram por detrás da maioria dos movimentos sociais populares urbanos que delinearam um cenário de participação na sociedade civil, trazendo para a cena pública novos personagens, contribuindo decisivamente para a queda do regime militar e para a reconstrução do conceito de "sociedade civil", termo originário do liberalismo, que adquire novos significados, menos centrado na questão do indivíduo e mais direcionado para os direitos de grupos. (Gohn, 1999, p.76)

Se as ONGs da década de 1980 buscavam articulações partidárias, sindicais e com a Igreja progressista, na década de 1990, com as alterações nas formas de mobilização, as ONGs mudaram de natureza, promovendo mobilizações pontuais, locais, atuando a partir de demandas específicas, plurais, com objetivos humanitários, incorporando o plano da cultura, na busca de causas identitárias[2] e éticas, trazendo à tona as questões de gênero, geração, raça-etnia, com o intuito mais de afirmação do que de contestação.[3] Assim, junto a organizações caritativas e cidadãs, cresceu o número das ONGs

---

2 A noção de identidade envolve polêmica e é aqui constituída num sentido amplo, como múltipla e heterogênea, na luta pela igualdade e na busca pela afirmação das diferenças, podendo abranger referências de etnia/raça, gênero, geração, cultura, religião. Tendendo a se construir a partir de causas específicas do grupo, busca afirmar suas diferenças. Suas demandas são mais de ordem moral: liberdade, projeto do grupo, respeito aos direitos fundamentais. Vendo a igualdade como múltipla, suas ações visam à possibilidade de acesso e de uso, além de combater a exclusão-privação e buscar construções de canais e possibilidades.
3 Caracterizam-se como ONGs militantes as oriundas de movimentos de participação dos anos 1970-80 e como ONGs propositivas as que atuam segundo ações estratégicas, utilizando-se de lógicas instrumentais e até mercadológicas (ver Gohn, 1997).

desenvolvimentistas e ambientalistas,[4] articuladas em redes de caráter internacional e cuja contribuição foi decisiva para a mudança de âmbito local.

... observou-se na América Latina um intenso desenvolvimento das organizações não-governamentais (ONGs), cujas atividades cobrem os mais diversos campos da experiência social: desenvolvimento rural e de comunidades, fomento à participação no poder local, economia solidária e microcrédito, educação e cultura, habitação e urbanismo, segurança alimentar, saúde e meio ambiente, relações de gênero e interétnicas, assistência social a grupos vulneráveis (idosos, portadores de deficiências, migrantes e refugiados), apoio aos movimentos sociais, mediação pacífica de conflitos, defesa dos direitos humanos, controle cidadão de políticas públicas e convenções internacionais, etc. (Haddad, 2002, p.11)

Na década de 1990, as atenções das agências patrocinadoras de apoio voltaram-se para as tensões do Leste europeu, alterando o cenário das ONGs latino-americanas. Essas organizações foram atingidas por uma crise econômico-financeira que gerou a necessidade de mudanças internas, a busca de acesso a outros fundos e canais, alteração de procedimentos, procura de auto-suficiência, crescimento da necessidade de qualificação de quadros na busca de eficiência e produtividade na gestão de projetos e das próprias entidades. O discurso e as propostas das ONGs foram se alterando, abrin-

---

4 Qualquer forma de tipologia é sempre questionável e não resolve os problemas de conceitualização, além de carregar a dificuldade de homogeneizar ações de natureza distinta, ocultando a heterogeneidade de entidades e criando falsas unidades. Mesmo em vista dessa ressalva, podem-se identificar as ONGs como:
a) caritativas: voltadas para assistência a grupos específicos, como menores, mulheres e idosos, doentes, com penetração em áreas como as de educação e saúde. Foram as que mais se expandiram como prestadoras de serviço.
b) cidadãs: voltadas para a reivindicação dos direitos de cidadania, que atuam tanto no campo popular como no não-popular.
c) desenvolvimentistas: surgem e se expandem vinculadas às propostas de desenvolvimento auto-sustentável; articulam-se em redes internacionais.
d) ambientalistas: voltadas para questões ecológicas, cresceram com base nas propostas de intervenção no meio ambiente (ver Gohn, 1997).

do-se para a parceria e a cooperação com o Estado e as empresas. As ações buscavam alargar o espaço público no interior da sociedade civil, viabilizar o acesso a políticas públicas e contribuir para a criação de canais.

Nesse processo, pode-se perceber um somatório de processos e fatores multidimensionais e contraditórios, mas convergentes para o estabelecimento de uma sinergia. Assim temos: difusão do processo de mundialização com pretensão de universalidade em velocidade e escala inusitadas, juntamente com suas múltiplas formas de questionamento e resistências; emergência dos chamados novos sujeitos políticos, que rompem os parâmetros clássicos e as teorias gerais de transformação social; transição democrática coincidindo com a reconfiguração da sociedade civil; redefinições das relações entre sociedade e Estado que, em certa medida, se corporificaram nas ONGs.

3.

ONG – AÇÃO, ASSOCIAÇÃO E CATEGORIA

A criação e a expansão das ONGs devem ser vistas como um fenômeno social e histórico. No processo de expansão de circuitos de cooperação, essas referências marcam seus estilos de ações, canais e estratégias utilizados, projetos propostos e executados. Elas também têm facilitado conexões internacionais e a inserção local, bem como assumido papel de intermediárias entre as instituições globais e as organizações de base no intuito de colaborar com os esforços de "promoção da transformação social".

Assim, pode-se dizer que o termo ONG não possui um sentido unívoco, sendo uma "categoria" instável e difícil de ser captada pelas análises, pois abarca um universo amplo de organizações com trajetória histórica, formato e proposta heterogêneos. Pelas suas divergências históricas, para alguns ONGs são motores de transformação social, uma nova forma de fazer política; para outros, um campo propício às ações do neoliberalismo, que busca repassar suas responsabilidades sociais para o campo da sociedade civil.

Essas organizações poderiam ser vistas como uma continuação do vasto – tanto novo como muitas vezes bem antigo – universo de entidades privadas que se pretendem sem fins lucrativos, voltadas para atuar no campo das questões sociais no país. Por exemplo, algumas das suas atividades de prestação de serviços a grupos vulneráveis poderiam aproximá-las das chamadas organizações filantrópicas, ou de assistência social. Ou, por sua dedicação à atuação política no âmbito da sociedade organizada, seria possível estabelecer continuidades entre sua ação e a de organizações associativas do tipo representativo, como sindicatos, associação de moradores ou profissionais. Mas é justamente na distinção, sempre reafirmada por práticas e crenças, com relação a essas outras formas de ação e organização, nos campos político, social e religioso, que se foi estabelecendo a identidade peculiar das ONGs. (Landin, 2002, p.26)

De um ponto de vista formal, as ONGs são agrupamentos coletivos com algum nível de institucionalização, entidades privadas com fins públicos e sem fins lucrativos, podendo contar com participação voluntária (engajamento não-remunerado, pelo menos de seu conselho diretor). Distinguem-se do Estado (governo) e do mercado (empresa), e identificam-se com a sociedade civil (associativismo). Nesse amplo quadro incluem-se tanto organizações meramente recreativas ou de assistência social como as participantes ou atuantes nas políticas públicas.

As ONGs não se construíram nem se constituem, portanto, na maior parte das vezes, em meros exercícios intelectuais semânticos. Tratou-se (e antes de mais nada, falo do caso brasileiro, com extensão a vários latino-americanos) do processo de construção de horizontes comuns entre um conjunto de organizações que se colocaram como atores em determinado pólo do campo discursivo e político existente em suas sociedades, a um dado momento e a cada momento. Processo que se deu ao mesmo tempo no plano dos ideários, da posição na sociedade e também da própria especificidade organizacional. Estando em jogo a criação de identidades, é movimento de natureza necessariamente distintiva e contrastiva, em que as definições dão-se de forma situacional, antes que substantiva. Ou seja, mais do que algo com "essência ONG" (por exemplo, uma mesma organização pode identificar-se como "movimento", em um contexto, e como "ONG" em outro), trata-se aqui de organizações que criam identidade e são identificadas enquanto tal, através do tempo e em diferentes situações, em relação com outras organizações das quais se distinguem, se diferenciam, de acordo com a dinâmica dos acontecimentos em que estão envolvidas. (Ibidem)

Na década de 1980, as ONGs construíram práticas e instâncias específicas de legitimidade. O termo ONG surgiu em canais internacionalizados e se adapta e (re)traduz através de dinâmicas internas, pelas quais as ONGs transformaram velhos modelos de associações voluntárias filantrópicas e também ocuparam o espaço político de movimentos sociais em baixa nas ações de mobilização de massa. Elas inovaram por combinar voluntariado com trabalho assalariado, e também articular organizações e possibilitar um novo tipo de associativismo: filantrópico-empresarial-cidadão.

A posição e a legitimidade assumida pelas ONGs nesses espaços têm raízes no tempo, dadas por sua história e por sua constituição institucional ... as ONGs nascem com a vocação para o transnacional. Podemos ver nas histórias de construção do campo, desde os anos 80, o investimento e a produção, por um conjunto de entidades e agentes, de qualificações, construção de canais, redes, formas de legitimidade no espaço do que se vem designando como "novos circuitos de poder internacionais". (Ibidem, p.47)

As ONGS atuam como mediadoras de parcerias entre a comunidade local organizada, setores públicos e privados, e implementam programas sociais como: educação, saúde, saneamento, meio ambiente, geração de renda, entre outros, na busca da construção de uma sociedade mais igualitária, justa, com novas práticas coletivas.

Com as novas práticas sociais, categorias esquecidas, isoladas e desconsideradas, como crianças, jovens/adolescentes e idosos, também passaram a ter direito a ter direitos. A organização destes segmentos sociais por meio de movimentos e organizações sociais possibilitou a criação de uma pauta de reivindicações que se transformaram em leis e criaram uma nova jurisdição para o social. O Estatuto da Criança e do Adolescente, a Lei da Assistência Social, os diferentes conselhos, colegiados e outras estruturas de mediação entre o Estado e a sociedade civil são exemplos vivos da conquista e da força da participação organizada. Deve-se destacar ainda a nova cultura política que vem sendo gerada em relação ao espaço público e aos temas de interesse coletivo, como meio ambiente, saúde, lazer, etc; ou temas de interesse de coletivos específicos como os portadores de deficiência física, mental, do vírus da AIDS, etc. (Gohn, 1999, p.84)

Cabe destacar que ONGs deveriam ser analisadas em pelo menos três aspectos: o da organização cor..o tal, com objetivos e ações propostos pela instituição e pelo público-alvo; o dos indivíduos atuantes dentro e em torno das ONGs; o das redes sociais que fornecem os suportes para a atuação das organizações (Bebbington, 2002).

Assim, deve-se diferenciar as ONGs das populações-alvo. Os membros das ONGs são indivíduos que se envolvem em atividades movidos por valores como justiça, igualdade ou pelo desejo de provocar mudanças sociais, freqüentemente tendo algum vínculo com a militância religiosa e/ou partidária. As populações-alvo (rurais e/ou urbanas) são variadas e geram uma gama diferenciada de laços e formas de adesão e participação. Sua adesão ou receptividade ocorre quando se identificam interesses compartilhados, pela premência de situações precárias na luta cotidiana pela sobrevivência. Por isso, não é raro que a participação cesse tão logo os benefícios sejam alcançados ou a organização se mostre ineficiente para conquistá-los.

Essas organizações buscam desenvolver capacidade integrativa, difundindo novos valores, atitudes, comportamentos, conhecimentos e generalizando sua aceitação e sua incorporação. Também visam obter apoios e recursos, encabeçar ações e influenciar opiniões. Contudo, esse processo de institucionalização deve evitar a cristalização em algo imutável e concluído, para aperfeiçoar a idéia de permanente construção considerando a variedade das experiências e das demandas, incorporando o novo, o emergente e até o residual. As possibilidades crescentes de estabelecimento de redes têm contribuído para o enfrentamento desses desafios.

4.

TRAMAS DE PODER E DE AÇÃO: ONGs E REDE

As ONGs têm procurado estabelecer redes, para dinamizar diálogos e enfrentar os múltiplos desafios de suas ações, como: garantir legitimidade, resolver problemas financeiros (escassez de dinheiro para os gastos necessários), assegurar resultados (promover mudanças ou impactos concretos, por meio de ações), substituir ações espontâneas por ações organizadas, influir nas questões de poder e gerência, de estruturação organizacional, democratização na gestão, entre outros.

Para melhor entender as configurações contemporâneas é importante acompanhar as trajetórias históricas de constituição, transformação e expansão dessas redes. Na década de 1970, iniciou-se o processo de consolidação de redes, com a atuação de agentes por todo o país e ligações entre grupos diversos, que se dedicavam a educar adultos, desenvolver a comunidade, entre outras ações, nas quais foram estratégicos o apoio e o respaldo de setores da Igreja, que possibilitaram o estabelecimento de redes horizontais que difundiram práticas de articulação e politização. Também foram postos em prática projetos que tinham ou buscavam apoio de agências internacionais européias e canadenses. Tais projetos deram ocasião à circulação de novas formas e novos modelos de atuação e assessoria.

A década de 1980 foi marcada pela diversificação de redes por temas/ questões e "sub-redes". Cresceram as articulações no plano internacional e também a aproximação entre as entidades, o que possibilitaria na década seguinte a fundação de associações de ONGs (com destaque para a Assessoria Brasileira de Organizações Não-Governamentais, Abong, em 1991).[1] Também foram se difundindo os campos de ação e as associações foram adquiriram maior visibilidade, com destaque para o momento da Eco-92.

Outros fóruns nacionais e internacionais, reuniões e colóquios viabilizaram troca de experiências, debates, aprendizados em matéria de negociação e novas agendas em torno das questões, possibilitando a criação e a difusão das redes.

A partir de então, a expansão das redes se acentuou e elas se diversificaram tanto em termos de agentes, quanto de projetos e propostas. Em algumas situações isso ocorreu de forma mais planejada; em outras, a aproximação foi menos intencional ou até casual, mas houve a sedimentação de novos padrões de legitimidade e formas de consolidação. É indispensável lembrar também o papel da difusão do uso da internet e da mídia eletrônica, que em muito auxiliou na construção de redes de comunicação.

Recentemente, a noção de rede vem sendo empregada de forma crescente como conceito propositivo com atributos simbólicos, podendo ser assim identificada:

> uma estrutura em rede – que é uma alternativa à estrutura piramidal – corresponde também ao que seu próprio nome indica: seus integrantes se ligam horizontalmente a todos os demais diretamente ou através dos que os cercam. O conjunto resultante é com uma malha de múltiplos fios, que pode se espalhar indefinidamente para todos os lados, sem que nenhum dos seus nós possa ser considerado principal ou central, sem representan-

---

1 Destaca-se como objetivo da ABONG "expressar a identidade comum de um conjunto de ONGs comprometidas com o processo de democratização da sociedade brasileira, que têm uma tradição de apoio e serviço ao movimento social popular, constituindo um segmento específico da sociedade civil comprometido com os setores populares" (ABONG, 1991).

te dos demais. Não há "chefe", o que há é uma vontade coletiva de realizar determinado objetivo. (Costa & Gleise, 1995)

Dessa forma, a constituição das ONGs em rede vincula-se à procura de alternativas flexíveis e democráticas de estruturas organizacionais, dado o compromisso das ONGs de contribuir para a transformação das experiências vigentes e a intenção de desempenhar o papel de agente de mudanças. Como formas de organização e de relacionamento intra-organizacional, buscam propostas de transformação social com base em ações sociais coletivas.

Se na década de 1970 as ações em rede buscaram afirmar demandas específicas, centradas nas referências identitárias (gênero, etnia, ecologia, etc.) lutando pelo reconhecimento dessas questões aglutinaram sujeitos históricos; a partir da década de 1990, foram ampliadas as articulações e os intercâmbios com outras organizações, agentes e lutas, que criaram um campo da reflexividade e trouxeram como referência a política da diferença, num entrecruzamento de valores/experiências entre as distintas redes e entre elas e outros movimentos e redes mais tradicionais. O discurso da autonomia identitária deu lugar ao da solidariedade e das parcerias interorganizacionais ou inter-redes, permitindo a emergência de ações do tipo feminismo popular, ecologia dos pobres, movimento de mulheres negras ou agricultoras, entre muitas outras.

Redes passam a ser construídas em torno de projetos variados (feminismo, ecologismo, movimentos de direitos humanos, etc.) e vêm procurando dinamizar as possibilidades de comunicação com outras redes já constituídas (religiosas, nacionais, territoriais, fundamentalistas), contribuindo para transformá-las e em alguns casos até "desfundamentalizando-as". (Castells, 1999, p. 22-3)

Assim, na sociedade contemporânea as possibilidades de avanço dos movimentos sociais estariam nas conexões da solidariedade local e planetária, que se fortaleceriam politicamente ampliando sua legitimidade por meio das redes que dinamizariam as relações locais com as globais e possibilitariam as trocas de experiências para enfrentar os desafios da avaliação contínua, da dinâmica das relações teoria-prática, da superação das ortodoxias e dos fundamentalismos e contemplando a dimensão do pensamento crítico (Scherer-Warren, 2002, p.64).

... na ausência de um princípio único, não é possível reunir todas as resistências e agências sob a alçada de uma teoria comum, do que necessitamos é de uma *teoria da tradução* que torne as diferentes lutas mutuamente inteligíveis e permita aos atores coletivos "conversarem" sobre as opressões a que resistem e as aspirações que os animam. (Santos, 1997, p.72)

A "teoria da tradução", como um vetor constantemente em construção e não previamente estabelecido, permite a constituição de eixos articulatórios das redes, dos quais se destacam os princípios de identidade e solidariedade, que contribuem para a reconstrução das noções de sociedade civil e cidadania e adquirem novos e múltiplos significados, permitindo a emergência da categoria "cidadania global" como um exercício de participação de cidadãos que interferem, interagem e influenciam na construção dos processos democráticos, na luta pelo reconhecimento da universalização dos direitos, segundo os princípios da eqüidade e da justiça.

Apesar das permanências de múltiplas formas de mobilização, a estruturação de redes articulou remanescentes de movimentos sociais, ONGs, entidades de apoio a setores populares, núcleos de universidades, órgãos públicos e empresas. As experiências de ação política de base local vêm permitindo sua expansão tanto do ponto de vista espacial (o bairro, a paróquia, o município) como social (setores populares carentes, segmentos sociais, geracionais, étnicos etc.), marcando um novo modo e estilo de atuar.

Com a renovação das heterotopias na luta pela democratização da sociedade, as redes têm ocupado lugar privilegiado. Elas assumem um significado democrático, com formas de relacionamento mais abertas ao pluralismo, à diversidade e à complementaridade, tendo um formato organizacional e interativo, no que diz respeito à diversidade cultural e ao pluralismo de idéias, e dinamizando a possibilidade de conectar o local com o regional ou o global. Essas ações possibilitaram a constituição de campos capazes de inter-relacionar agentes, práticas e propostas, criando uma trama de conexões:

com as bases, entre as ONGs e com as agências de cooperação, Estados e empresas.

Assim, as redes vêm viabilizando a convivência e as trocas entre múltiplas causas e demandas, contribuindo para questionar as tramas de poder/dominação/subordinação que historicamente segmentou e produziu o desconhecimento e a rejeição do outro, alimentando conflitos multiculturais. Simultaneamente, constroem-se tramas dessas redes complexas marcadas por relações de solidariedade e de interculturalidade com respeito às diferenças... na era da globalização redes sociais complexas conectam simbólica, solidarística e estrategicamente sujeitos e atores coletivos cujas identidades vão se construindo num processo dialógico de identificações sociais, éticas, culturais e político-ideológicas de intercâmbios, negociações, definição de campos de conflitos e de resistência aos adversários e mecanismos de discriminação e exclusão sistêmica. (Scherer-Warren, 2002, p.82)

As articulações em rede têm causado mudanças intencionais e planejadas, marcadas por um caráter dinâmico, proativo e político, mas também geram conflitos, colocam em confronto as questões relativas à estabilidade e à mudança, envolvem expectativas e receios, criando resistências e bloqueios, principalmente quando se visa a alterações radicais que diminuem poder, recursos e prestígio de grupos e pessoas com interesses investidos (Motta, 1991).

Esses desafios são particularmente delicados se considera que nessas parcerias estão envolvidas instituições como ONGs, fundações empresariais, associações comunitárias, sindicatos, igrejas, entre outras, com interesses setoriais.

Lentamente tem sido construído no Brasil um novo tecido social onde desponta uma nova cultura política, ao lado das antigas formas de representação política integradoras, assistenciais e/ou clientelistas, que, infelizmente, ainda são hegemônicas. Inaugura-se uma nova era de fazer política na gerência dos negócios públicos, à medida que surgem, a partir de novas formas de representação política popular, exemplos da nova era da participação, agora ativa e institucionalizada. E tudo isso ocorre nos marcos de um cenário de profunda crise econômica ... onde se destacam as lutas e tensões entre velhos e novos atores sociais, em busca de espaços na arena sociopolítica existente. (Gohn, 1999, p.90)

5.

TERCEIRO SETOR: QUESTÕES E DESAFIOS

Juntamente com a expansão das ONGs e o estabelecimento e a ampliação de redes, surgiram outros tipos de entidades articuladas a ações sociais, o chamado terceiro setor, que, vinculado à filantropia empresarial, busca atuar e se firmar por meio de variadas ações propositivas e afirmativas, tendendo a se estruturar como empresas denominadas cidadãs, por serem sem fins lucrativos.

Como os termos ONG e terceiro setor são categorias em construção, são utilizados em sentido muito abrangente e não livre de ambigüidades. O terceiro setor não pode ser considerado uma categoria neutra. Deve-se reconhecer claramente a origem norte-americana (*third sector*), tendo como inspiração o modelo dos *non-profits*, encontrando-se carregada das referências da cultura política dos Estados Unidos, marcada pelo associativismo e pelo voluntariado baseados no individualismo liberal (Fernandes, 1997).

Terceiro setor é uma expressão que vem sendo utilizada com múltiplos e diferenciados significados:

> é um tipo de "Frankenstein": grande, heterogêneo, construído de pedaços, desajeitado, com múltiplas facetas. É contraditório, pois inclui tanto enti-

dades progressistas como conservadoras. Abrange projetos e programas sociais que objetivam tanto a emancipação dos setores populares e a construção de uma sociedade mais justa, igualitária, com justiça social, como programas meramente assistenciais, compensatórios, estruturados segundo ações estratégico-racionais, pautadas pela lógica de mercado. Um ponto em comum: todos falam em nome da cidadania ... O novo associativismo do terceiro setor tem estabelecido relações contraditórias com o "antigo" associativismo advindo dos movimentos sociais populares (na maioria urbanos) dos anos 70 e 80. (Gohn, 2000, p. 60)

Geralmente, reforça-se a referência "sem fins lucrativos" quando se refere ao terceiro setor, passando a sensação de uma espécie de panacéia, com uma inserção ambígua no mundo dos negócios e no mercado, juntamente com a procura de substituir o Estado no enfrentamento das questões sociais.

Incorporando grandes, médias, pequenas empresas e o setor financeiro, o terceiro setor apóia ou investe na filantropia como forma de diminuir o pagamento de taxas e impostos. Fundações foram criadas agregando iniciativas e empresas, buscando administrar as práticas, gerir recursos, potencializar ações, organizar o voluntariado, voltando-se para obras sociais com objetivos variados: apoio à educação formal e ambiental, às crianças, aos idosos, entre muitas outras.

Para alguns poderiam ser reconhecidos quatro segmentos do terceiro setor: formas tradicionais de ajuda mútua (creches, asilos, hospitais); movimentos sociais e das associações civis (que lutam por uma determinada causa, assumindo um caráter reivindicatório ou contestatório junto à sociedade e ao Estado); organizações não-governamentais; e filantropia empresarial (das empresas, ou organismos por elas financiados, que apóiam a execução de projetos sociais, sem preocupação com a lucratividade) (Fernandes, 1994, p.33, 65, 129).

Para outros, o termo terceiro setor envolve todo o conjunto de ONGs, movimentos sociais e outros grupos associados, que passaram a constituir um setor econômico denominado "economia social" e se propõem a pôr em prática ações sociais/públicas sem fins lucrativos. O termo tem sido utilizado inadvertidamente como sinônimo de ONG ou mesmo de sociedade civil, trazendo para as próprias ONGs um questionamento de sua identidade e de seus objetivos, resumidos pela Abong:

... reconhecer as especificidades das ONGs significa ressaltar aquilo que não são (não são empresas lucrativas, não são entidades representativas de seus associados ou de interesses corporativos de quaisquer segmentos da população, não são entidades assistencialistas de perfil tradicional), e afirmar aquilo que são (servem desinteressadamente à comunidade, realizam um trabalho educacional de promoção da cidadania e defesa dos direitos coletivos, contribuem para o fortalecimento dos movimentos sociais e para a formação de suas lideranças, visando a constituição e o pleno exercício de novos direitos sociais, incentivam e subsidiam a participação popular na formulação e implementação de políticas sociais).

Assim, as ONGs poderiam ser diferenciadas de outras iniciativas pela sua incorporação de conceitos como justiça social, cidadania global (Valderrama & Coscio, 1998), ao passo que o terceiro setor carregaria mais as referências de colaboração e interação, diluindo as noções de conflito ou contradição. Dessa forma, poderiam-se esvaziar práticas e desvalorizar a trajetória histórica de muitos movimentos que deram origem às ONGs e suas redes.

O terceiro setor estabelece relações contraditórias com o associativismo dos movimentos sociais e da maioria das ONGs, que trazem as marcas de ações politizadas com influências das esquerdas e de oposição, articulações e reivindicações por direitos sociais, políticos, culturais, por cidadania. Geralmente, o terceiro setor não acompanha essas referências de politização, estando mais integrado com o neoliberalismo e avesso às ideologias, já que desde suas origens essas iniciativas não se opuseram ao Estado, apesar de quererem se diferenciar como um setor à parte.

Cotidianamente são criadas fundações e estabelecidas novas redes e associações que lutam pela defesa do meio ambiente, dos direitos civis, pelas causas de mulheres, pobres, negros e excluídos. Se o crescimento das ONGs e a expansão das redes são reconhecidos como fenômenos mundiais, o terceiro setor passou a ser visto como um novo segmento da economia, com potencial de crescimento, movimentação de recursos, lucratividade e geração de empregos.[1]

... esta imensa rede de organizações privadas autônomas, localizadas à margem do aparelho formal do Estado, sem fins lucrativos, mobilizadora de trabalho voluntário, passou a ter uma relação íntima com as mudanças sociais e tecnológicas do final deste século, em duas direções: além de atuar na área da economia informal e gerenciar milhares de empregos, ela também começa a se fazer presente na economia formal, por meio de cooperativas de produção que atuam em parceria com programas públicos e demandas terceirizadas das próprias empresas. (Gohn, 1999, p.81)

Apesar de grande parte das ONGs ter buscado distinguir-se criticamente com relação a sua identificação com o terceiro setor, nos últimos tempos ampliaram-se suas necessidades de redefinir um universo de beneficiários e de alargar alianças com outros setores sociais do Estado/governo e do mercado/empresas, como as empresas e fundações do terceiro setor, o que chegou a levar as ONGs a se abrigarem sob este termo.

Também cabe observar que se irradia para o conjunto do terceiro setor a tendência de questionamento do assistencialismo tradicional, levando ao aprofundamento do compromisso com a construção da cidadania (Báva, 2000), com a adoção de discursos e práticas análogos aos das ONGs, como autonomia e cidadania, mas mantendo a lógica empresarial, com a valorização de elementos como eficiência, resultados, competitividade, marketing etc. (Landim, 1993, p.33-43).

---

[1] No Brasil, em pesquisa pioneira realizada pelo Instituto Superior de Estudos da Religião – ISER, e coordenada pela Universidade Johns Hopkins (1999), apresentam-se os seguintes dados: entre 1991 e 1995, foram criados 340 mil postos de trabalho no terceiro setor (crescimento de 44% do emprego nesse segmento). Se em 1991 eram 775.364 pessoas ocupadas no setor, em 1995 tinham-se 1.119.533. Hoje, aponta-se que o terceiro setor ocupa 1,4% da força de trabalho no país, mas grande parte das funções são voluntárias. (FSP, 27/3/98). Esses números tornam o setor promissor e envolvem atividades que trazem valores como solidariedade, ética e compromisso social (Landim, 1999).

As articulações entre esses agentes têm crescido e se tornado complexas. ONGs, redes, associações de ONGs, terceiro setor,[2] Estado e universidade têm se aproximado, mesmo que pontualmente, em busca de causas comuns. O Estado contribuiu com recursos financeiros, apesar de escassos, de forma descontínua e sem grande planejamento. Talvez a sua maior contribuição seja nas iniciativas de regulamentação do setor[3].

Apesar de ainda restritas, vêm sendo dinamizadas as parcerias entre as ONGs, o terceiro setor e as universidades, particularmente seus núcleos de estudos e pesquisa. Até recentemente, a maior parte das pesquisas e da bibliografia sobre os temas ainda tinha origem nos centros acadêmicos dos países do hemisfério Norte, ou era produzida pelas próprias ONGs, redes e associações. O material era voltado para um público não-acadêmico, com linguagem específica e distribuição dirigida, de caráter informativo ou para implementar oficinas e cursos.

Nesse sentido, a expansão do setor e o crescimento da produção estrangeira estimularam os estudos no Brasil, que vêm se ampliando significativamente, juntamente com a organização de vários centros de estudo do terceiro setor em instituições de importância acadêmica,[4] o que vem via-

---

2 Também o setor da filantropia empresarial vem se organizando. O GIFE (Grupo de Institutos, Fundações e Empresas) foi a primeira grande iniciativa brasileira criada especialmente para apoiar as organizações do terceiro setor (1989). Acompanhando essa iniciativa, foram criadas outras organizações visando promover articulações: Instituto Ethos de Empresas e Instituto de Cidadania Empresarial – ICE, além da Fundação Abrinq (Sanda, 2000, p.22).
3 Em 1999 foi publicada a lei 9.790/99 – Marco Legal do Terceiro Setor. Ela disciplina, entre outros aspectos, os requisitos para que uma entidade sem fins lucrativos (associação ou fundação) possa receber a qualificação de Organização da Sociedade Civil de Interesse Público (OSCIP). Regulamentou também os "termos de parceria" com os poderes públicos. Por outro lado, indicou as atividades em que as instituições podem atuar e as possibilidades de as ONGs participarem do planejamento de projetos de interesse público, regulamentando as normas de controle, prestação de contas e auditorias. Apesar dos avanços nas iniciativas, ainda restam lacunas que necessitam de regulamentação.
4 São exemplos a Fundação Getúlio Vargas (CETS), a Faculdade de Administração da USP (CEATS), a PUC–SP, o Mackenzie, entre outras.

bilizando a implementação de várias ações conjuntas: produção de material, pesquisas, colóquios, cursos, oficinas e escritos; também a capacitação de lideranças pelos intercâmbios e pelas possibilidades de recepção desses agentes em programas de pós-graduação, com o crescimento de mestrados e doutorados sobre os temas.

Assim, as tensões e a desconfiança que marcaram o primeiro momento da relação entre ONGs e as universidades vêm cedendo lugar à multiplicação de iniciativas desenvolvidas em parceria, muitas das quais voltadas à difusão de informações e tecnologias, capacitação de lideranças sociais e formação de recursos humanos. É necessário dar maior visibilidade às interfaces existentes e às experiências de cooperação em curso, o que pode ser feito pela organização de ciclos de debates, difusão de publicações e mútua alimentação de outros canais de intercomunicação (portais e sítios na rede mundial de computadores, estações de televisões e rádios universitárias e/ou de ONGs, etc.). (Wanderley, 2002, p.144)

PARTE 2

DA INVISIBILIDADE DO GÊNERO: TRAJETÓRIAS, PERSPECTIVAS, POSSIBILIDADES E DESENVOLVIMENTO

6.
TRAJETÓRIAS

Na última metade do século XX, o planeta foi palco de experiências transformadoras: seu ritmo acelerado e o impacto das mudanças delas advindas assumiram proporções até então desconhecidas. Nesse quadro de intensas alterações que se sucederam a todo momento, o planeta se tornou urbano e as questões-tensões do cotidiano passaram a envolver a todos. Novos fenômenos produziram estranhamentos e crises, constituindo novas relações e tensões sociais, étnicas e geracionais que se impuseram na forma de desafios a ser enfrentados.

Uma das mudanças mais marcantes na sociedade mundializada ocorreu nas relações homem–mulher. Nesse processo o impacto se deve ao crescimento da presença-visibilidade das mulheres em múltiplos e diversificados setores: no trabalho, nas escolas e universidades, na política, nas artes e ciências. O olhar sobre o feminino frutificou no contexto da quebra dos paradigmas que possibilitou a descoberta de "novos sujeitos sociais" e favoreceu a inclusão das mulheres no universo das pesquisas e dos projetos.

Citando apenas um exemplo, atualmente se afirma que a pobreza no mundo é feminina –, com certeza ela não passou por um processo de feminilização, mas até recentemente esse aspecto não era investigado. Hoje o gênero se impõe como uma questão fundamental na academia, nas ONGs e nas redes. O desafio de incorporar a questão de gênero vem sendo enfrentado de forma admirável. O campo se expandiu e questões emergentes em pesquisas, projetos e ações têm contribuído de modo significativo para a renovação da temática. As universidades têm promovido mudanças metodológicas nas disciplinas, permitindo a descoberta de novas temáticas, testemunhos, documentos, fontes, temporalidades, estratégias metodológicas e categorias analíticas, com destaque para a categoria gênero.

Assim, procurou-se rever imagens e enraizamentos impostos por paradigmas disciplinares, bem como dar visibilidade às mulheres, questionando a dimensão de exclusão a que estavam submetidas, entre outros fatores, por um discurso universal masculino. Revelaram-se novos femininos e masculinos. Outras histórias foram contadas e outras falas, recuperadas, o que abriu novas possibilidades para o resgate de múltiplas e ricas experiências.

No novo século, apesar das resistências de diversos setores e áreas, os debates e ações incorporaram a questão de gênero, que se tornou indispensável na academia e também no Estado. Agências nacionais e internacionais, sindicatos, partidos e terceiro setor assumiram amplamente essa perspectiva em suas políticas públicas, ações interativas e programas de desenvolvimento social.

Tendo em vista tais inquietações, essas reflexões propõem questionar num primeiro momento os estudos que incorporam a mulher nas investigações contemporâneas, recuperando o contexto de sua emergência e sua trajetória na produção brasileira nas últimas décadas. Em seguida será focalizada a categoria gênero, destacando suas contribuições para a ampliação das fronteiras epistemológicas, para a instauração de novas referências paradi-gmáticas, bem como apontando seus impasses, dificuldades e algumas de suas perspectivas, entre elas discutir as questões que envolvem gênero e desenvolvimento.

O tema e sua emergência

Desde o fim da Segunda Guerra Mundial, o crescimento marcante da presença-visibilidade das mulheres vem inquietando os pesquisadores.

A partir da década de 1960, de forma mais contínua, um número crescente de investigadores passou a se questionar sobre esses "novos" agentes sociais — as mulheres —, buscando rastrear suas ações, seus testemunhos no presente, para o desafio de desvendar a invisibilidade feminina no passado. A presença das mulheres nos escritos acadêmicos vem crescendo em função de um conjunto de fatores que tem dado visibilidade às mulheres, por meio de sua conquista de novos espaços.

Um primeiro fator seria a maior presença feminina no mercado de trabalho,[1] inclusive nas universidades,[2] conjugada à expansão da luta das mulheres pela igualdade de direitos e pela liberdade, numa conquista do espaço público que derivou da afirmação dos movimentos feministas.

Por outro lado, a expansão dos estudos que incorporam o tema da mulher e a abordagem de gênero localiza-se no quadro de transformações por que vêm passando as Ciências Sociais nos últimos tempos. É possível afirmar que, por razões internas e externas, esses estudos emergiram da crise dos paradigmas tradicionais, que requeria uma completa revisão dos seus instrumentos de pesquisa. Essa "crise de identidade" levou à procura de outras experiências, revigorando o conhecimento e ampliando diferentes áreas e abordagens. Entre outros aspectos, possibilitou o questionamento das universalidades, permitindo a descoberta do outro, da alteridade, dos excluídos; entre eles, as mulheres.

Apesar dos longínquos antecedentes das lutas femininas,[3] suas reivindicações voltaram ao cenário na década de 1960, em particular as ações em

---

1 O crescimento da entrada de mulheres no mercado de trabalho em expansão foi possível, em grande parte, pela generalização do uso dos contraceptivos (desde a década de 1960), que viabilizou o controle mais efetivo da maternidade e um redimensionamento do tempo feminino, apesar da dupla jornada.

2 Nesse processo não se pode negar que a emergência desse novo objeto se deva em grande parte à crescente presença feminina nas universidades e à sua organização em núcleos de pesquisa e estudo sobre o tema. Os *Women's studies* e depois os *Gender Studies* foram antecedentes e modelos de interdisciplinaridade. Hoje, no Brasil são mais de cem núcleos de estudos do tema, em grande parte organizados na REDIFEM (Rede de Estudos Femininos).

3 No Brasil, já no final do século XIX, sinhás e mulheres da elite publicavam jornais femininos nos quais suas reivindicações concentraram-se em dois pontos:

torno de 1968, quando da "segunda onda" do movimento feminista. Em 1975, a ONU instaurou o Ano Internacional da Mulher. Vinte anos depois, em 1995, mulheres de todo o mundo discutiram sua situação numa grande conferência em Beijing.

No Brasil, desde a década de 1970, mesmo sob o contexto desfavorável dos governos militares, os temas referentes à mulher reapareceram, colocando questões como violência, sexualidade, contracepção, aborto, juntamente com as reivindicações relativas ao trabalho (a dupla jornada) e à cidadania das mulheres. Somaram-se a essas lutas outros canais de participação da mulher, sobretudo na forma dos movimentos por melhores condições de vida, que ocuparam espaço social e político a partir da segunda metade da década de 1970. No âmbito dos bairros, creches, escolas e principalmente igrejas, a presença feminina foi marcante, reivindicando melhores condições de saúde, educação, saneamento básico, habitação (carências de uma população excluída do processo de urbanização), além da luta pela anistia.

Como os espaços tradicionais de expressão política se encontravam fechados, elas se organizavam de modo alternativo, muitas vezes buscando resultados imediatos, que as constituíssem como sujeitos coletivos e políticos (Sader, 1989; Souza-Lobo, 1991).

Assim, na década de 1970, as mulheres "entraram em cena" e se tornaram visíveis na sociedade e na academia, embora os estudos sobre a mulher se encontrassem marginalizados na maior parte da produção e documentação oficial. Isso instigou os interessados na reconstrução das experiências, vidas e expectativas das mulheres nas sociedades presentes e passadas, descobrindo-as como objeto de estudo, sujeitos da história e agentes sociais (Matos, 2003).

As novas tendências de abordagem surgidas nesse momento possibilitavam uma abertura para os estudos sobre a mulher, ao ampliarem áreas de investigação e ao renovarem a metodologia e os marcos conceituais tradicio-

---

a educação feminina e o direito de voto das mulheres. Na década de 1920, mulheres como Bertha Lutz, Mª Lacerda de Moura e Eugenia Cobra lutaram pela emancipação feminina, paralelamente às lutas de mulheres operárias, sobremodo anarquistas. Temos aí claramente definidas as duas vertentes do feminismo: a liberal e a libertária.

nais, apontando para o caráter dinâmico das relações sociais e modificando os paradigmas estabelecidos. Contudo, a influência mais marcante para essa abertura parece ter sido a descoberta do político no âmbito do cotidiano, o que levou a um questionamento sobre as transformações da sociedade, o funcionamento da família, o papel da disciplina e das mulheres, o significado dos fatos, lutas e gestos cotidianos. Assim, a expansão dos estudos sobre a mulher vinculou-se a uma redefinição do político, em face do deslocamento do campo de poder das instituições públicas e do Estado para a esfera do privado e do cotidiano (Matos, 2002).

A essa politização do dia-a-dia incorporou-se também a visão do relativismo pós-moderno, que praticamente destruiu a tradicional distinção entre o central e o periférico na análise, contribuindo, assim, para diversificar as temáticas e ampliar os focos sobre o objeto de análise.

As novas perspectivas e influências emergentes nesse momento possibilitaram a reorientação de enfoques, com o desmoronamento da continuidade, o questionamento de abordagens globalizantes do real, permitindo também o questionamento da universalidade dos discursos, deixando explícito que as análises do presente e do passado eram parciais e datadas. Traziam como preocupação abrir trilhas renovadoras, desimpedidas de cadeias sistêmicas e de explicações causais; criar possibilidades de articulação e inter-relação; recuperar diferentes verdades e sensações; promover a descentralização dos sujeitos e permitir a descoberta das novas experiências, procurando articular experiências e aspirações de agentes aos quais se negaram lugar e voz nas análises convencionais.

Nessa perspectiva, o tema da mulher passou a atrair os pesquisadores, desejosos de ampliar os limites de sua disciplina, permitindo uma abertura de novas áreas de pesquisa, e acima de tudo explorar as experiências de homens e mulheres freqüentemente ignoradas ou mencionadas apenas de passagem.

A pluralidade de possibilidades de olhares sobre o objeto — mostrando que este pode ser desvendado a partir de múltiplas questões — permite perceber toda uma vinculação entre a produção acadêmica e o surgimento de movimentos feministas e de mulheres. Esse esclarecimento se faz mais necessário quando se percebe que as análises não recuperam o real no passado e no presente, mas constroem um discurso sobre ele, discurso que carrega tanto o olhar como a própria subjetividade do pesquisador que recorta, narra e constrói seu objeto.

O tema na produção acadêmica

Nas Ciências Sociais, nos últimos anos, os estudos sobre a mulher, sua participação na sociedade, na organização familiar, nos movimentos sociais, na política e no trabalho foram ampliados; o tema adquiriu notoriedade e abriu novos espaços, em particular após a incorporação da categoria gênero. A produção sobre as mulheres vem crescendo e tomando vigor pluralista, abrangendo distintas formas de abordagem e conteúdos variados.

Não se pretende aqui um levantamento exaustivo e completo dessa ampla produção, mas um esforço no sentido da reflexão, pontuando algumas questões que parecem ser fundamentais para o debate e para a instauração de novas referências paradigmáticas.

Na década de 1970 privilegiou-se, entre outras questões, a do trabalho feminino, em particular o fabril. É indiscutível a maior visibilidade do trabalho, por seu papel fundamental para a sobrevivência, pelo fato de ocupar grande parte da vida cotidiana e pelo seu papel nas plataformas feministas. Todavia, esse privilégio dado ao mundo do trabalho possivelmente se deveu a um certo vínculo inicial dessas pesquisas aos estudos sobre o movimento operário e a uma herança da tradição marxista, mais especificamente da teoria do patriarcado, cuja preocupação era identificar os signos da opressão masculina e capitalista sobre as mulheres.

A produção brasileira sobre as mulheres na década de 1980 apresenta variadas abordagens, que analisam aspectos diferenciados da questão. No âmbito da temática do trabalho, além de resgatar o cotidiano fabril, as lutas e greves femininas e sua ação-exclusão nos espaços dos sindicatos, procurou-se recuperar as múltiplas estratégias e resistências criadas e recriadas pelas mulheres no cotidiano, bem como sua capacidade de explorar as inconsistências ou incoerências dos sistemas sociais e políticos para encontrar brechas através das quais pudessem se expressar ou, ao menos, sobreviver movimentos e ações nos quais atuaram e se destacaram.

Procurou-se reconstruir a estrutura ocupacional feminina num meio urbano por meio do exercício de papéis improvisados, destacando e descobrindo sua presença constante na inserção do espaço público, em que as atividades femininas adquirem importância.

A maior parte desses trabalhos privilegiou a mulher no espaço urbano, em sua faina para colaborar na manutenção da casa, quando não provendo sozinha o próprio sustento e o da família. Nesse sentido, estudos como os de E. P. Thompson foram inspiradores para lançar luz sobre o que se poderia chamar de "cultura de resistência", em que a luta pela sobrevivência e a improvisação tomaram feições de atitudes políticas, formas de conscientização e manifestações espontâneas de resistência.

A partir da década de 1980, destacaram-se os estudos sobre o papel feminino na família, as relações vinculadas ao casamento, à maternidade e à sexualidade, focalizando a interseção entre o privado e o público, entre o individual e o social, o demográfico, o político e o erótico.

Assim, para além do tema do trabalho, passaram a ser focalizados aspectos diversos das atividades femininas e ações sobre as mulheres, com destaque para a educação feminina, a disciplinarização, os padrões de comportamento, os códigos de sexualidade e a prostituição, os movimentos de mulheres e outras lutas feminas, além de questões como violência e saúde.

Nessa produção, recente mais significativa, poderes e lutas feminas foram recuperados, mitos examinados e estereótipos repensados. Num leque de várias correntes de interpretações, procurou-se recuperar a atuação das mulheres como sujeitos ativos, de modo que as imagens de pacificidade, ociosidade e confinamento ao espaço do lar vêm sendo questionadas, ao mesmo tempo em que se descortinam as esferas de influência e recuperam-se os testemunhos femininos.[4]

Contudo, torna-se cada vez mais necessário, sem esquecer a opressão histórica sobre as mulheres, superar a dicotomia ainda fortemente presente

---

4 Foram inspiradores para os pesquisadores brasileiros os trabalhos de Natalie Zemon Davis, Michele Perrot, Arlette Farge, Danièle Kergoat, Mary Nash, Donna Haraway, Joan Scott, Louise A. Tilly, Eleni Varikas, Judith Butler, Teresa de Lauretis, Sandra Harding, Marilyn Strathern, entre outras.

entre a "vitimização" da mulher — uma análise que apresenta um processo linear e progressista de suas lutas e vitórias — e a visão de uma "onipotência" e uma "rebeldia" femininas que algumas vezes estabelece uma "heroicização" das mulheres.

O crescimento da produção de estudos sobre a mulher nas Ciências Humanas aponta que não se trata apenas de incorporar as mulheres no interior de uma grande narrativa pronta – quer mostrando que as mulheres atuaram e atuam tanto quanto os homens no presente e na história, quer destacando as diferenças de uma "cultura feminina"–, pois assim se poderia perder de vista a multiplicidade do ser feminino e cair numa mera perspectiva essencialista.

Como existem muitos "femininos" e "masculinos", esforços vêm sendo feitos para reconhecer a diferença dentro da diferença, que mulher e homem não constituem simples aglomerados; elementos como cultura, classe, raça-etnia, geração, religião e ocupação devem ser ponderados e entrecruzados numa tentativa de desvendamento mais frutífera, por meio de pesquisas específicas que evitem tendências a generalizações e premissas preestabelecidas. Sobrevém a preocupação de desfazer noções abstratas de "mulher" e "homem", enquanto identidades únicas, a-históricas e essencialistas, para pensar a mulher e o homem como diversidade no âmago da historicidade de suas inter-relações.

Após a fase inicial da necessidade de as mulheres se tornarem visíveis, vinculada a uma certa obsessão pela denúncia, que teria caracterizado uma primeira geração de pesquisadoras, abre-se a possibilidade de se recobrar a experiência coletiva de homens e mulheres no passado em toda a sua complexidade, bem como se procura um aprimoramento metodológico que permita que se recuperem os mecanismos das tramas de relações entre os sexos e as contribuições de cada qual ao processo histórico e às ações presentes.

7.

GÊNERO:
UMA CATEGORIA ÚTIL DE ANÁLISE

É em função das críticas anteriormente apontadas e das próprias tensões/transformações nas reivindicações dos movimentos feministas[1] que surge o gênero como categoria de análise. Nesse sentido, importantes contribuições foram dadas pela arqueologia dos discursos de Foucault,[2] somadas às propostas de desconstrução de Derrida e à psicanálise de Lacan, além das questões propostas por novas abordagens. Esses pensadores tiveram ressonância entre estudiosos do tema

---

1 Não se pode esquecer que, a partir da década de 1980, o feminismo passou por toda uma autocrítica: antigas plataformas, como a busca pela igualdade de condições e direitos em relação aos homens e a procura de construção de uma identidade feminina única, foram em parte questionadas, pontuadas pela diversidade dentro das lutas femininas. As mulheres penetravam nos movimentos sociais, expressando suas reivindicações no interior de partidos, sindicatos e inúmeras outras associações. A diversidade se implantou dentro do próprio movimento feminista, que deixava de ser uma luta una e localizada. As reivindicações do direito à diferença superaram a busca pela igualdade e pela identidade, o gênero e o relacional se expandiram.

2 Foucault exerceu muita influência, em particular ao questionar a naturalização do sujeito e desmistificar as construções das práticas discursivas dominantes.

da mulher e dentro do movimento feminista, propiciando o crescimento do numero de pesquisas em torno do gênero.

A categoria gênero reivindica para si um território específico, em face da insuficiência dos corpos teóricos existentes para explicar a persistência da desigualdade entre mulheres e homens.[3] Como nova categoria, o gênero vem procurando dialogar com outras categorias já existentes, mas vulgarmente ainda é usado como sinônimo de mulher, já que seu uso teve uma acolhida maior entre os estudiosos desse tema. Considerada mais "neutra e objetiva", seu uso também pode ser visto como uma faceta que busca dar legitimidade acadêmica aos trabalhos dos estudiosos do tema.

Por sua característica basicamente relacional, a categoria gênero procura destacar que as construções do feminino e do masculino definem-se uma em função da outra, uma vez que se constituíram social, cultural e historicamente em um tempo, um espaço e uma cultura determinados. Não se deve esquecer, ainda, que as relações de gênero são um elemento constitutivo das relações sociais baseadas nas diferenças hierárquicas que distinguem os sexos, e, portanto, uma forma primária de relações significantes de poder.

Tendo entre suas preocupações evitar as oposições binárias fixas e naturalizadas, os estudos de gênero procuram mostrar que as referências culturais são sexualmente produzidas por símbolos e discursos, pela linguagem, por jogos de significação, cruzamentos de conceitos e relações de poder, por conceitos normativos e relações de parentesco, econômicas e políticas.[4]

Cabe lembrar que as referências de gênero estão "inscritas nas coisas (divisão de espaços, tarefa e instrumentos), nas estruturas mentais (princí-

---

3 Segundo alguns autores, os estudos de gênero constituíram um novo paradigma, marcado por uma epistemologia feminista. Instaura-se a polêmica, com destaque para Linda Alcoff, Elizabeth Portes, Sandra Harding, entre outras.

4 Reconhece-se linguagem como um sistema complexo que ordena significados e práticas culturais, a partir do qual as pessoas representam e compreendem o mundo e a si mesmas, ao passo que os discursos são os suportes destes significados, com características normativas e plenos de poder. Os significados binários – positivo *versus* negativo, masculino-feminino, público-privado, provedor-provido – fazem da "diferença" uma categoria crucial. Essas dinâmicas de poder vêm sendo analisadas metodologicamente pela desconstrução (Matos, 2003).

pios, divisões, taxionomias, classificações) e nos corpos (a maneira de fazer uso do corpo e perceber o corpo do outro") (Bourdieu, 1996).

A categoria gênero encontrou um terreno favorável nas Ciências Humanas brasileiras contemporâneas, desnaturalizando as identidades sexuais e postulando a dimensão relacional. Assim, na década de 1990, os estudos se ampliaram e diversificaram em termos temáticos e de abordagens, e, focalizando diferentes momentos (Bessa, 1998; Bruschini, 1992), ampliaram o campo, descobriram novos temas, diversificaram criativamente as fontes de pesquisa, aprimoraram as estratégias de investigação. Alguns temas foram priorizados, como a questão da violência, os direitos reprodutivos, o corpo e o imaginário feminino.[5] No final da década de 1990, o crescente interesse das agências de desenvolvimento pela nova terminologia integrada às propostas de financiamento foi um incentivo para as novas inserções no gênero.

Apesar de se constituir num campo interdisciplinar dos estudos de gênero, algumas áreas foram mais receptivas, com destaque para as de Antropologia, História, Psicologia, Educação e Serviço Social. Foi crescente o número de dissertações e teses, que, além de incorporar as mulheres em um ou mais capítulos, privilegiaram as mulheres e a perspectiva de gênero. A apresentação de pesquisas nos congressos internacionais, nacionais e regionais cresceu. Foram constituídos grupos de trabalho (GT) preocupados com a temática em várias instituições – Anpocs, Anpoll, Anpuh, ABA, Abralic, ABEP –, bem como em outros fóruns; formou-se a Redefem, um fórum específico e interdisciplinar;[6] ampliaram-se, também, os cursos e disciplinas oferecidos; todavia, a dificuldade maior em captar a dimensão desse processo tal-

---

5 Contribuíram para tanto pesquisadoras de diferentes áreas, entre as quais se destacam: Heleieth Saffioti, Eva Blay, Neuma Aguiar, Mary Castro, Lia Machado, M. Valéria Pena, Alice Abreu, Verena Stolcker, M. Cristina Bruschini, Carmem Junqueira, Albertina Costa, Celi Jardim Pinto, Mariza Correa, Suely Kofes, Adriana Piscitelli, Elizabeth Lobo, Bila Sorj, Heloísa Buarque de Holanda, Lena Lavinas, Claudia Fonseca, Fúlvia Rosemberg, Maria Luíza Heilborn, Maria Odila Dias, Miriam Grossi, Rachel Soihet, Margareth Rago, Joana Pedro, Maria Moraes, Guacira Lopes Louro.
6 Um importante incentivo foi implementado por meio do programa de dotação da Fundação Carlos Chagas, com o apoio da Fundação Ford, que entre as décadas de 1970 e 1990 realizaram concursos e financiaram projetos e encontros sobre o tema.

vez se mostre nas publicações, que apesar de crescentes ainda são poucas e se encontram setorizadas.[7] Assim, pode-se dizer que esses estudos impactaram o ensino e a pesquisa nas Ciências Sociais.

Contribuições: método, categorias, fontes e temporalidades

A expansão e o enriquecimento dos temas de investigação propostos pelos estudos de gênero foram acompanhados por renovações dos marcos temáticos e metodológicos, enfoques e modos de análise inovadores que, além de questionar os paradigmas tradicionais, vêm colocando novas questões, descobrindo novas fontes, enfim, contribuindo para redefinir e ampliar noções tradicionais do conhecimento, a capacidade de formular questões inovadoras e apontando novas referências.

O sujeito universal cede lugar a uma pluralidade de protagonistas, é deixada de lado a preocupação com a centralidade. Conjuntamente, também se pode perceber como ganho uma gradual "desessencialização" de homens e mulheres em nossa e em outras sociedades, o que os torna plurais. A generalização da abordagem de gênero nos saberes disciplinares de Sociologia, Antropologia, História, Literatura, Educação, Filosofia e Psicologia contribuiu significativamente para generalizar a idéia de desnaturalização biológica das categorias homem e mulher e de outras noções.

O método único e racional do conhecimento foi questionado em suas concepções totalizadoras e impositivas, substituído pela multiplicidade de abordagens. Nesse sentido, a contribuição mais significativa foi a da perspectiva relacional, que se generalizou enquanto referência metodológica; a incorporação do deconstrutivismo, da crítica dos poderes, da hermenêutica e da descrição densa produziram a desnaturalização metodológica.

---

7 Cabe destacar revistas que estão centradas na temática, como: *Cadernos Pagú* (Unicamp), *Estudos feministas*, *Caderno Espaço Feminino* (UFU); várias outras têm elegido o tema em alguns dos seus números e recebem um número crescente de artigos sobre gênero.

Esta produção tem revelado os limites da utilização de certas categorias descontextualizadas, sinalizando a necessidade de estudos específicos que evitem tendências a generalizações e premissas preestabelecidas, buscando revelar o processo artificial na construção de certos conceitos supostamente "naturais", bem como observar a heterogeneidade das experiências, incorporando toda a complexidade do processo histórico e presente, o que implica aceitar as mudanças e descontinuidades.

Quanto às categorias de análise, nota-se uma preocupação explícita de se libertar de conceitos abstratos e universais e, ao mesmo tempo, resgatar as experiências de outros protagonistas, o que leva o pesquisador a restringir o objeto analisado e desconstruí-lo no passado e no presente, sempre trabalhando de forma relacional os dois gêneros, permitindo assim a redescoberta de situações inéditas, no sentido não de apontar o excepcional, mas de descobrir o que até então era inatingível, por estar submerso.

Procurar historicizar os conceitos e categorias com que se tem trabalhado (entre elas a própria categoria gênero), construindo-os durante o processo de pesquisa, e incorporar as mudanças, aceitando conscientemente a transitoriedade dos conceitos e do próprio conhecimento, são preocupações que norteiam o trabalho do pesquisador, bem como aceitar a própria efemeridade das perspectivas, a instabilidade das categorias analíticas, constantemente desconstruídas e reconstruídas, e a historicidade inerente ao processo de conhecimento.[8]

Nesse sentido, a reconstrução das categorias público e privado, na perspectiva feminina, pode ajudar a esclarecer a questão. Os limites entre o público e o privado foram mais explicitados com a definição das esferas sexuais e da delimitação de espaços para os sexos. A representação do lar, da família, em termos naturais, e da esfera pública, ao contrário, como instância histórica foi uma herança vitoriana da qual emerge o dualismo público/privado, reafirmando o privado como espaço da mulher, ao destacar a maternidade como necessidade, e o espaço privado como *locus* da realização das potencialidades femininas. No mesmo sentido, questiona-se a noção de

---

8 Utilizar-se da instabilidade das categorias como um recurso de análise é uma das propostas de Sandra Harding (1993).

cultura e natureza, na qual cultura está para o masculino assim como natureza está para o feminino (Matos, 1995; 1996).

Os estudos de gênero vão ao encontro de certas tendências que questionam as concepções de evolução linear e progressista e do tempo vinculado a leis de mudanças e prognósticos do futuro. Procurando acabar com a segmentação entre passado e presente, os estudos de gênero contribuíram para a ampliação do objeto de conhecimento e levaram à descoberta de temporalidades heterogêneas, ritmos desconexos, tempos fragmentados e descontinuidades, descortinando o tempo imutável e repetitivo ligado aos hábitos, mas também o tempo criador, dinâmico e das inovações, focalizando o relativo, a multiplicidade de durações que convivem urdidas entre si.[9] As nuanças, as tendências, os movimentos passaram a ocupar a atenção dos pesquisadores em lugar da certeza de fatos cronológicos e periodizações específicas, permitindo que a própria história das mulheres seja vista não como uma linearidade progressiva, mas como um ir-e-vir, e que suas lutas e resistências também não sejam apartadas das tramas de poder.

É indiscutível a contribuição da produção de gênero na ampliação das visões do conhecimento, mas ainda há muito mais a ser feito, já que evidências que ainda não foram exploradas ocultam grande parte dos objetos a ser conhecidos. Nesse sentido, os estudos de gênero reconhecem a pesquisa empírica como elemento indispensável para detectar o movimento de constituição de sujeitos, analisando as transformações por que passaram e como construíram suas práticas cotidianas.

Obviamente, não foi tanto a falta de testemunhos e de documentação sobre as mulheres e homens que gerou a "invisibilidade" das mulheres, mas a noção de que tais informações não teriam a ver com os "interesses do pesquisador" (Scott, 1989). Assim, resta ao pesquisador questionar, nova e

---

9 Esses estudos vêm possibilitando, além da descoberta de temporalidades anteriormente abstraídas, a focalização de outros espaços, contribuindo para redefinir e ampliar noções tradicionais, permitindo o questionamento da polarização entre tempo e espaço e dando preferência à categoria território como um elemento constitutivo da trama histórica presente na memória coletiva.

diferentemente, fragmentos filtrados pela consciência hegemônica dos documentos oficiais.[10] Os estudos de gênero, com muita criatividade, sensibilidade e imaginação na procura de transpor o silêncio e a invisibilidade a que estavam relegados as mulheres e os homens e suas relações, trouxeram à luz uma diversidade de documentações, um mosaico de pequenas referências esparsas (Perrot, 1984), que vão desde a legislação repressiva, como fontes policiais, ocorrências, processos-crimes, ações de divórcio, até canções, provérbios, literatura, produção de cronistas, memorialistas e folcloristas, sem esquecer correspondências, memórias, manifestos, diários, materiais iconográficos, fontes eclesiásticas e médicas. Os jornais, a imprensa feminina, a documentação oficial, cartorial e os censos não são descartados, bem como a história oral, que vem sendo utilizada intensamente e de maneira inovadora.

Assim, a dificuldade do pesquisador está mais na fragmentação do que na ausência da documentação, o que requer uma paciente busca de indícios, sinais e sintomas, uma leitura detalhada para esmiuçar o implícito, para descortinar os femininos e os masculinos.[11]

Os estudos de gênero têm se mostrado um campo multidisciplinar, com uma pluralidade de influências, na tentativa de reconstituir experiências excluídas. Apesar de algumas áreas do conhecimento, como a Ciência Política e a Economia, se manterem até recentemente refratárias à questão do gênero, a tendência mais definida é a do estabelecimento da interlocução, que em muito favoreceu a ampliação de áreas de investigação.

---

10 Certos corpos documentais, cujo discurso vincula-se à procura de disciplinarização, precisam ser utilizados com cautela nos estudos de gênero. É necessário atentar para a não-fragmentação da resistência à subordinação, para não transformar os sujeitos da resistência em objetos da subordinação. Por outro lado, deve-se ter atenção para não atribuir uma força consciente invejável às lutas e resistências femininas, dando-lhes uma quase onipotência, reconstruindo heróis e invertendo mitos.
11 Partindo do pressuposto de que não se pode fazer pesquisa sem registro e recordando os desafios enfrentados no sentido de dar visibilidade às mulheres e aos homens, torna-se indispensável a organização de coleções, corpos documentais, arquivos e bibliotecas temáticas, bem como a produção de inventários e outros elementos que possam mais facilmente viabilizar a pesquisa.

As ciências humanas vêm propondo várias questões em relação à construção de um conhecimento no campo movediço dos estudos de gênero, buscando recuperar as relações entre os sexos, desvendando suas características e estabelecendo relações e articulações entre amplas dimensões. A variedade de novas abordagens também renova os olhares sobre o passado e o presente, incorpora a diversidade e a multiplicidade de interpretações. Abre-se o campo para a análise de expressões culturais, modos de vida, relações pessoais, redes familiares, étnicas e de amizades entre mulheres e entre mulheres e homens. São focalizados seus vínculos afetivos, ritos e sistemas simbólicos, a construção de laços de solidariedade, os modos e formas de comunicação e de perpetuação e transmissão das tradições, as formas de resistência e luta, que até então estavam marginalizados nos estudos. Tudo isso propiciou um maior conhecimento sobre mulheres e homens.

O enfoque cultural que faz emergir outras manifestações passadas e presentes da experiência coletiva e individual de mulheres e homens, em particular de um grande contingente não enquadrado em organizações, propiciou aos pesquisadores a possibilidade de análise do mundo privado e de esferas de informalidade. Nesse sentido, é importante observar as diferenças sexuais enquanto construções culturais, lingüísticas e históricas, que incluem relações de poder não localizadas exclusivamente num ponto fixo — o masculino —, mas presentes na trama política, bem como investigar os discursos e as práticas que garantem o consentimento feminino às representações dominantes e naturalizadas da diferença, o que não excluiria a incorporação da dominação às variações, manipulações, táticas, recusas e rejeições por parte das mulheres, complexificando as relações de dominação (Chartier, 1995).

Impasses e perspectivas

Outrora rejeitado – e até marginalizado –, o tema da mulher passou a ser encarado como uma possibilidade de recuperação de outras experiências. Com a incorporação do gênero como categoria de análise, tem-se procurado demonstrar que comportamentos, sensibilidades e valores que são aceitos em uma sociedade, num certo local e momento, podem ser rejeitados em outras formas de organização social ou em outros períodos. Os estudos de gênero contribuíram para ampliar noções como resistência e experiência, e possibilitaram o questionamento dos universalismos, do irredutível e do natural, destacando as diferenças e reconhecendo-as como histórica, social e culturalmente constituídas, o que se tornou um pressuposto do pesquisador que procura incorporar essa categoria e permitiu a percepção da existência de processos diferentes e simultâneos, bem como a possibilidade de múltiplos focos de análise.

As abordagens que incorporam a análise do gênero têm revelado um universo de tensões e movimento com toda uma potencialidade de confrontos; a transversalidade de gênero deixa entrever um mundo no qual se multiplicam formas peculiares de identificação-diferenciação vivenciadas de diversas formas. Tais abordagens pretendem perceber suas mudanças e permanências, sua descontinuidade e sua fragmentação, as amplas articulações, as infinitas possibilidades dessa trama multidimensional, que se compõem e se recompõem continuamente.[12]

A politização do privado e a privatização do público são novos desafios à interpretação crítica do pesquisador e permitem a ampliação de questões metodológicas importantes, sem abstração do engajamento político ao sujeito do conhecimento. A politização do cotidiano pressupõe uma comunicação entre o pesquisador e os testemunhos, que provêm de um questionamento na inserção do pesquisador no mundo contemporâneo. Envolve a interação do sujeito com o objeto, sem uma neutralidade prefixada, criando uma verdadeira sintonia entre o pesquisador e seu objeto de estudo, no processo de conhecimento envolvido em um diálogo crítico entre hipóteses, observações, categorias e arcabouço documental sem um método previamente pronto e fechado (Gadamer, 1984).

Ao lado do engajamento do pesquisador com o presente e a transitoriedade do conhecimento, há a diversidade de interpretações possíveis, a

---

12 Uma urdidura de intermediações do sistema de poder revela toda uma organização de solidariedade, resistência silenciosa e contestadora, cumulativa de improvisação (Veyne, 1982).

multiplicidade de perspectivas analíticas, que são constantemente refeitas em relação aos parâmetros e categorias.

Trabalhos recentes sobre as mulheres e os estudos de gênero superaram temáticas tradicionais, mas ainda enfrentam dificuldades de articular estratégias metodológicas vinculadas à teoria feminista e de manter um estreito contato com correntes renovadoras de interpretação.

O crescimento da produção sobre o gênero, ao contrário de esgotar as possibilidades, abriu controvérsias, instaurando um debate fértil. Contudo, alguns problemas de definição, fontes, método e explicação persistem, como a diversidade que envolve a própria categoria gênero (Burke, 1992). Convivem diversas posições, perspectivas, controvérsias e tensões nos estudos; todavia, essas diferentes abordagens coincidem com a diversidade de correntes presentes nas ciências humanas contemporâneas. Mas cabe ainda refletir mais cautelosamente sobre os efeitos dos estudos de gênero sobre os campos disciplinares e dos saberes disciplinares sobre o campo dos estudos de gênero.

Um balanço da produção e da crítica interna permite visualizar o surgimento de desafios. Inquestionavelmente, grande parte da produção privilegiou o enfoque das experiências femininas em detrimento de seu universo de relações com o mundo masculino. Ainda são raros os estudos sobre as masculinidades, o que dá a impressão de que os homens existem em algum lugar além, constituindo-se num parâmetro extra-histórico e universalizante. Proliferam os estudos concretos, mas já se sente a necessidade de uma síntese que abarque as continuidades e descontinuidades, as desigualdades persistentes e as experiências diferentes, bem como a homossexualidade, e possa assim de revelar a pluralidade dos femininos e dos masculinos.[13]

A natureza dinâmica e relacional do gênero, detectada pelas análises históricas, permite que se projete, como desafio à transformação das relações

---

13 Um conjunto de estudos vem contribuindo para denunciar os poderes e abusos por parte dos homens, que em parte pode ser entendido como um certo senso de ultraje moral pela histórica subordinação e exploração das mulheres pelos homens. Como contraponto, diferentes autores destacam nas suas análises os aspectos problemáticos do ser homem, discutindo a chamada "questão-crise" do masculino, denunciando

(objetivas e desiguais) entre homens e mulheres, a reconstrução das subjetividades (femininas e masculinas). É importante que as investigações e intervenções busquem a transformação masculina, ainda que isso não seja uma tarefa fácil e rápida.

Igualmente difícil de analisar é a relação entre o particular e o geral. Mostrar como os gêneros fazem parte da história e do presente, abordá-los de modo analítico e não apenas descritivo, relacioná-los aos acontecimentos mais conjunturais, estabelecer relações e articulações mais amplas, inseri-los na dinâmica das transformações sociais, econômicas, políticas e culturais – o que propicia a reinvenção da totalidade dentro do limite do objeto pesquisado – constituem grandes desafios.

Por outro lado, deve-se lembrar a manutenção da discrepância entre a alta qualidade da recente investigação sobre as mulheres e a persistência de seu *status* marginal, que se soma à debilidade dos movimentos feministas contemporâneos, descolados dos estudos acadêmicos. Vem sendo dirigida uma atenção especial à luta das mulheres, porém resta muito a fazer, especialmente no sentido de recuperar toda a historicidade e diversidade das reivindicações feministas. Há que se aprofundar a análise não apenas das experiências masculina e feminina no passado e no presente, mas também da conexão entre história passada e prática atual, procurando manter viva a crença na

---

os fardos e conflitos da masculinidade e suas exclusões, almejando uma flexibilidade de papéis, sem grandes alterações nas dinâmicas de poder. Questionando o caráter essencialista e parcial desses estudos, outras pesquisas têm apresentado claras evidências nos processos de construções de normas e hegemonias que suportam a superioridade do homem branco ocidental. Questionam-se a naturalidade da heterossexualidade, a inevitabilidade do progresso científico e do desenvolvimento econômico, vendo a masculinidade dentro das suas especificidades na construção social, cultural e histórica. Assim, torna-se cada vez mais necessário superar a dicotomia, ainda presente, entre a "vitimização" e a visão de "onipotência" masculina vinculada à denúncia do seu poder e de seus abusos. Destaca-se a necessidade de estudos críticos dos estereótipos masculinos associados a força, poder, agressividade, decisão, capacidade de domínio e iniciativa, para o desenvolvimento de um enfoque analítico sobre a construção da masculinidade, manutenção das hegemonias e todas as tramas de poder que permeiam as relações de gênero (Oliveira, 1998; Matos, 2001).

utopia de que as construções de gênero não são inertes nem eternas, mas mutáveis e reconstruíveis.

Ao pesquisador resta a tarefa contínua de: desconstruir as diferenças, assim como desnaturalizá-las; procurar desvendar o estabelecimento das hege-monias, discutindo com rigor as questões de subordinação/dominação; adotar uma perspectiva de gênero — relacional, posicional e situacional —, lembrando que não se refere unicamente a homens e mulheres e que as associações homem-masculino e mulher-feminino não são óbvias, devendo as percepções sobre masculino e feminino ser consideradas dependentes e constitutivas das relações culturais; procurar não essencializar sentimentos, posturas e modos de ser e viver de ambos os sexos.

Espera-se que os estudos de gênero desestabilizem ainda mais as certezas dos pesquisadores e ampliem as possibilidades de críticas à noção de natureza humana. Que o universal masculino (homem branco, heterossexual, ocidental, classe média) deixe de ser generalizado e identificado como natural, que sejam questionadas as clivagens e permitida a descoberta de outras subjetividades até então pouco visíveis e insondadas.

Assim, percebe-se que as discussões deslocam-se da identidade feminina e masculina para as subjetividades múltiplas e não unificadas, devendo a própria noção de identidade ser historicizada e problematizada junto à imagem de interioridade e essência que a constituía.

Dessa forma, os estudos sobre a subjetividade apresentam-se como uma nova fronteira para as investigações na medida em que a tematização da subjetividade, justamente, problematiza a noção de sujeito universal, unitário, isolável, emergindo a centralidade nos processos de diferenciação e nas possibilidades de construção singular da existência nas configurações assumidas pelas apreensões que os sujeitos fazem de si e do mundo. O atual desafio para os estudos de gênero é serem os patrocinadores da "revanche da subjetividade", identificada com a irracionalidade ou a passionalidade.

Os estudos de gênero, porém, não representam opção para o pesquisador preocupado com um método que pressuponha equilíbrio, estabilidade e funcionalidade. Tal temática, que é extremamente abrangente e impõe dificuldades para definições precisas, exige criatividade, sensibilidade e imaginação. São muitos os obstáculos para os pesquisadores que se atrevem a enveredar pelos estudos de gênero — campo minado de incertezas, repleto de controvérsias e de ambigüidades, caminho inóspito para quem procura marcos teóricos fixos e definidos.

Desafios e polêmicas

Os balanços realizados após a Conferência de Pequim revelam uma aproximação entre as entidades governamentais e os movimentos de mulheres, levando a múltiplas iniciativas (documentos, propostas, seminários, cotas, redes de comitês, comissões). Mas persistem desafios e polêmicas;[14] por um lado surge a necessidade de ampliar os esforços para pensar as mulheres de uma maneira não-identitária (Butler, 1990; Strathern, 1988; Haraway, 1991), questionando a noção de um sujeito unificado-mulher, capaz de agir de maneira consciente e coerente para a sua própria liberação. Mas, por outro lado, ao sublinhar exageradamente as diferenças, corre-se o risco de dissolver o sujeito político "mulheres", reestabelecendo distâncias entre reflexão teórica e o movimento político (Alcoff, 1998).

A categoria de mulher carrega a tendência de minimizar ou apagar a diversidade, a pretensão de englobar todo um conjunto de relações sociais injustas e a visão de uma temporalidade linear, centrada na idéia de emancipação como resultado de uma marcha progressiva do progresso ou da razão (Varikas, 1993; Sorj, 1992). Mas a impossibilidade de uma universalidade do ser mulher, elaborada ou definida a partir de um único ponto de vista, toma sentido quando se focalizam as "mulheres de cor" ou do "terceiro mundo" (Piscitelli, 2001).

A questão das diferenças entre as mulheres foi particularmente teorizada nos países do hemisfério Norte, fruto das tensões expostas pelos movimentos de mulheres negras e estrangeiras radicadas. Contudo, não se pode radicalizar posições que, ao reconhecer a diferença, não permitem ações coletivas.

---

14 A acepção de desconstrução é, entretanto, criticada por feministas, que só admitem sua utilização em sentido estrito (Strathern, 1992).

Também não se trata de aderir sem crítica ao multiculturalismo, cujo uso contraditório oculte hegemonias como forma de controle da diversidade.

Trata-se antes de conceber uma teoria e práticas que tornem a inclusão sempre possível e os procedimentos de exclusão sem efeito, de desenvolver de fato um pensamento das diferenças localizadas no interior de uma perspectiva potencialmente mundial, mas não mais universal. (Hirata & Doaré, 1999, p.33)

A universalidade na diversidade, ou o transversalismo, significaria a implementação de políticas feministas (e democráticas) nas quais as diferenças entre as mulheres fossem reconhecidas e entendidas, mas cujas fronteiras não fossem limitadas por agentes, mas pelos que querem realizá-las conjuntamente.

Nesse sentido, vem sendo crescente a incorporação do gênero como questão fundamental na agenda de financiamentos internacionais e nacionais. As perspectivas e as estratégias de gênero tornaram-se ferramentas úteis para inspirar as ONGs que lidam com programas que envolvem as mulheres (Piscitelli, 1998). Mas a incorporação da perspectiva de gênero nos projetos e ações se constitui numa novidade carregada de tensões. Em algumas ONGs essas ações já atravessavam sua prática e/ou sua origem, em outras incorporaram-se a partir de um diálogo com as feministas, enquanto em outras elas emergem das pressões exercidas por organizações internacionais de financiamento. Esses vetores entrecruzam-se, criando tendências e oposições (Piscitelli, 1998).

As necessidades de estratégias sob o foco de gênero formulam-se com base na premência de reexaminar os papéis e reverter a subordinação das mulheres, na busca por relações mais justas e condições concretas de sobrevivência da família, na luta contra a fome a miséria. Pretende-se, portanto, olhar o potencial das iniciativas de desenvolvimento para produzir mudanças nas relações sociais e de gênero que também facilitem a aquisição de poder por parte das mulheres.

As discussões de gênero nas ações e nos projetos são ainda incipientes. As atividades que envolvem mulheres tendem a lhes atribuir "papéis tradicionais", tornando-se necessário detectar quais noções de gênero permeariam os vários aspectos do trabalho das ONGs e se essas noções estariam ou não dificultando a percepção de suas práticas. Assim, cabe destacar a importância da distinção entre práticas de gênero e estratégias de gênero. As primeiras são aquelas nas quais, em função da atribuição de papéis sociais às mulheres, recai sob sua responsabilidade a luta pela melhoria de condições de vida, por meio de envolvimento comunitário, saneamento, educação e segurança das crianças; a formação de políticas nessa área deve considerar as especificidades das ações femininas e procurar melhorar sua qualidade de vida, bem como a de outros que estão sob seus cuidados. Contudo, tais ações não reverteriam as assimetrias entre homens e mulheres.

Para tanto, seriam imperativas as políticas que levam em conta as necessidades estratégicas de gênero, ações que de fato redefinissem os papéis das mulheres (Moser & Levi, 1998).

8.

GÊNERO E DESENVOLVIMENTO

Contemporaneamente, a incorporação da dimensão de gênero vem se ampliando significativamente, já que as desigualdades entre homens e mulheres são reconhecidas como um problema de todos, de forma que uma sociedade efetivamente democrática e plural não pode deixar de contemplar a justiça de gênero. Assim, o tema do gênero se coloca entre as prioridades, por seu papel na trama das relações e por sua transversalidade social.

As questões sobre gênero e desenvolvimento orientam atualmente as linhas de financiamento da maior parte das agências que apóiam projetos; contudo, a introdução e a difusão da variável gênero nas organizações não podem ser pensadas de maneira automática, mas atentando para uma perspectiva que destaque o papel das ações femininas de defesa da sobrevivência e manutenção da família, a importância das mulheres devido a suas funções reprodutivas, produtivas, sociais, o seu trabalho voluntário e/ou de gestão comunitária (Abramovay, 1994; Moser, 1989a).

O conceito de desenvolvimento ainda é utilizado como sinônimo de crescimento econômico e desempenho tecnológico, mas crescem os esforços para a incorporação de outras variáveis, de modo que, contemporaneamente, desenvolvimento também se encontra vinculado à implementação de transformações sociais, promoção de igualdade e sustentabilidade. É nesse contexto que ocorre a incorporação da perspectiva de gênero ao debate, como uma possibilidade de torná-lo mais complexo e rico.

Na década de 1970, foram esboçadas as primeiras formulações para a chamada questão "Mulher e desenvolvimento", particularmente por ocasião da Conferência do México (1975). Sob esse foco, foi possível observar que as mulheres produziam 80% dos produtos alimentícios na África e na Índia, 50% na América Latina, e que elas, no seu cotidiano, trabalhavam mais do que os homens em todas essas regiões.

Também se observou que propostas e ações de desenvolvimento produziam impactos contraditórios e até negativos para as mulheres, como: sobrecarga nas jornadas de trabalho, distorções nos programas de controle familiar, diferença salarial, falta de acesso a terra e benefícios sociais. Além dos impactos multifacetados produzidos no espaço-tempo doméstico, amplia com a destruição das formas tradicionais de acesso a recursos naturais, as dificuldades advindas da expansão das culturas comerciais e de exportação, os múltiplos desequilíbrios ecológicos, a falta e dificuldade de acesso à água, o desmatamento e a salinização tornam mais difíceis a sobrevivência diária e a vida doméstica das mulheres.

Nesse mesmo momento, o tema da população passou a ocupar um lugar destacado na agenda dos organismos internacionais, e não demorou a aparecer a preocupação pela mulher como a protagonista e responsável pelo controle da fecundidade, variável-chave na determinação do nível/ritmo do crescimento da população. Os primeiros programas de desenvolvimento consideravam que se poderia reduzir a pobreza simplesmente controlando a fecundidade; mais tarde foi demonstrado que as variáveis associadas às condições da mulher, como a educação e a participação econômica, tinham um impacto direto nos níveis e na estrutura da fecundidade feminina.[1]

---

[1] Diferentes setores e movimentos de mulheres vêm resistindo ao controle da natalidade, considerando-o uma nova roupagem para o argumento malthusiano (que limita o crescimento da população), e identificando-o como uma ingerência no corpo da mulher, uma imposição. Existe uma tradição nesse sentido, desde a década

Durante a década de 1980, as questões que envolviam desenvolvimento e mulheres ainda se mantinham centradas predominantemente nos aspectos econômicos, embora as formulações de gênero já estivessem difundidas nos círculos acadêmicos por pesquisadoras e ativistas, o que possibilitou a discussão de temáticas como: discursos, representações e poderes; construção subjetiva, identidades e papéis (masculinos e femininos); sexualidade, maternidade,[2] reprodução e planejamento familiar; violência doméstica etc.

Foi na década de 1990 que essa produção e sua divulgação se conjugaram com mudanças na pauta dos movimentos feminista e de mulheres, possibilitando a ampliação das questões e dos debates e a incorporação e a difusão da categoria gênero.

A partir de 1990, os Relatórios Internacionais de Desenvolvimento Humano (RDHs) e do Programa de Desenvolvimento das Nações Unidas (PNUD) incorporaram os indicadores de desigualdade de gêneros (renda, poder político, violência, educação) como referências para aferir desenvolvimento humano. Já em 1995, o PNUD tomou outra iniciativa, ao estabelecer o Índice de Desenvolvimento da Mulher (IDM) e a Medida de Empoderamento de Gênero

---

de 1960, em que se polarizam os controlistas de um lado e os anticontrolistas do outro, nos quais incluem-se a esquerda, intelectuais, Igreja, que, por motivos diferentes, resistiam ao controle. No Brasil, observou-se nas décadas de 1970 e 1980 que mulheres mais escolarizadas vinham se mantendo no mercado de trabalho, mesmo em idades mais avançadas, e tinham menos filhos. Em segmentos sociais nos quais as mulheres foram obtendo maior nível de instrução e melhor assistência médica, também houve uma redução sistemática da média de filhos nascidos vivos (Castro & Abramovay, 1997).

2 A maternidade está no centro de numerosas lutas travadas pelas mulheres em todo o mundo (pelos filhos desaparecidos durante as ditaduras, nas guerras ou destruídos pelas redes de drogas), na própria organização das mães na luta cotidiana pela sobrevivência das famílias que chefiam tanto no campo como nas cidades. Contudo, não se pode dizer que é unicamente a maternidade que empurra as mulheres a se organizarem em função de suas demandas, transformando-a no fundamento último de ações femininas. Além de mães, elas são mulheres em toda a sua integridade, e nas suas experiências de ação descobrem seus próprios direitos, a si mesmas e questionam as referências simbólicas (mãe-mulher) da dominação. (Hirata, 1999, p.37).

(MEG) (Correa, 1997). Apesar de essas iniciativas já denotarem mudanças, pode-se dizer que ainda são poucos os indicadores vigentes sensíveis ao gênero.

Gradativamente se ampliaram as ações que privilegiam o enfoque ou a perspectiva de gênero e se abriram novos caminhos e desafios. Esse processo vinculou-se à internacionalização das discussões que valorizavam diversas dimensões de luta no sentido de desconstruir as opressões/tensões existentes. O processo de preparação para as conferências mundiais ampliou os debates em torno do conceito de gênero. As conferências *População e desenvolvimento* (1994/Cairo) e *Desenvolvimento social*, (1995/Copenhague) foram momentos importantes que antecederam a Pequim na IV *Conferência Mundial sobre a Mulher*, e que possibilitaram a visibilidade para as lutas femininas, em seus múltiplos e diferentes enfoques, gerando polêmicas e críticas no que diz respeito a seus alcances e limitações (Gutzman et al.,1991; Piscitelli, 2001; Moser, 1989a; Portocarrero, 1990) e difundindo a perspectiva de gênero.

Contemporaneamente, as abordagens que buscam articular gênero e desenvolvimento destacam que as desigualdades de gênero não podem ser explicadas apenas pelas dinâmicas econômicas, evidenciando que o crescimento econômico não é neutro no que se refere às relações entre gêneros, que homens e mulheres não se beneficiam igualmente dos possíveis resultados e que as cargas da pobreza não são distribuídas igualmente entre os gêneros.

No estado atual do debate, as relações sociais de gênero constituem uma cadeia de desigualdades que começa no nível micro (da família e da comunidade), atravessa os sistemas normativos e de mediação social (o mercado de trabalho, o sistema legal, as políticas de Estado, os meios de comunicação), terminando por afetar os pressupostos a partir dos quais se definem as macropolíticas de desenvolvimento. (Correa, 1997, p.8)

Dentro deste debate buscou-se estabelecer uma certa classificação ou tipos de enfoques para examinar as políticas e as estratégias dirigidas para a mulher e o desenvolvimento (Castro, 1997; Abramovay, 1994), podendo ser assim esquematizado:

- o enfoque do bem-estar visa ajudar mulheres de baixa renda, privilegiando suas funções de esposas, mães e receptoras de desenvolvimento. Destaca que maternidade é função feminina, bem como a educação e socialização das crianças, que são importantes aspectos para o desenvolvimento econômico.

- o enfoque da eqüidade acrescenta às estratégias de bem-estar o papel da mulher em termos de produtividade, a necessidade de sua inserção nos diferentes setores produtivos, e apregoa a igualdade de oportunidades entre homens e mulheres no mercado de trabalho, dando ênfase à independência das mulheres como sinônimo de igualdade.
- o enfoque da antipobreza mostra que o desfavorecimento econômico está ligado à desigualdade entre homens e mulheres. Privilegia o papel produtivo das mulheres (ignorando seu papel reprodutivo) e busca uma maior produtividade das mulheres de baixa renda. Assim, as intervenções com essa concepção procuram incrementar as opções de emprego e incluir a mulher no mercado de trabalho, por meio de um melhor acesso aos recursos produtivos.
- o enfoque da eficiência é o que tem sido mais difundido por parte dos organismos de cooperação e financiamento. Ele busca articular eficiência com eqüidade, destacando que, apesar do reconhecimento da importância das mulheres para o desenvolvimento, este não trouxe para elas melhorias das condições de vida e de trabalho. Assim, busca organizar as potencialidades femininas: a elasticidade do trabalho das mulheres, o uso do seu tempo sem salário, sua capacidade de gerir a comunidade, redistribuir recursos e cortar despesas (Ajamil, 1995).
- o enfoque da aquisição e geração de poder, mais do que uma perspectiva, é uma estratégia de intervenção. Reconhece a necessidade de se produzir mudanças nas condições de subordinação feminina por meio do aumento do poder das mulheres, ou seja, ampliando sua capacidade de incrementar e influir na direção da mudança (Moser, 1989a). Reconhece o triplo papel da mulher, suas funções reprodutiva, produtiva e comunitária, e a necessidade de mudanças nas leis, nos sistemas de propriedade, no acesso e na utilização de recursos por parte da mulher, buscando mobilizar as mulheres, por meio de sua conscientização, para que conquistem mais poderes.

Alguns autores e ações têm procurado agregar aspectos desses enfoques, valorizando a articulação ora de um, ora de outro, ou até propondo novas perspectivas, como é o caso do enfoque da autonomia (busca articular as diversas experiências femininas na formulação de uma proposta capaz de abarcar a situação global das mulheres, reconhecendo e valorizando a diversidade), do enfoque dos procedimentos (procura analisar o funcionamento das instituições, regras e procedimentos que envolvem construção de diferenças, além de identificar os fatores que inibem a participação das mulheres e conduzem à auto-inibição) e do enfoque da igualdade (reconhece que esta é um dos objetivos centrais nos projetos de desenvolvimento das mulheres, e distingue pelo menos três tipos de igualdade: de trato, de oportunidades e de resultados) (Anderson, 1992).

Apesar dessas contribuições, essas diversas perspectivas apresentam carências em suas propostas e geralmente respondem às necessidades mais práticas, sem alterar as raízes da subordinação, tendendo a reconhecer as mulheres como um "grupo uniforme", com necessidades sociais e econômicas específicas, que deveriam ser respondidas pelas políticas de desenvolvimento. Um dos aspectos a ser incorporado é a valorização dos conhecimentos "nativos", ou seja, dentro de uma orientação "multicultural" são incorporados os "saberes locais"[3] e respeitadas suas prioridades, preocupação que mais recentemente tem sido levada em conta na concessão de financiamentos de diversas agências internacionais.

As críticas da utilização desse modelo na América Latina apontam para falhas na captura da natureza mutável, diversa, conflitiva e também afetiva e emocional das múltiplas experiências das mulheres, que se desdobraram em contextos históricos específicos de carências, crises econômicas, e em realidades multiculturais e pluriétnicas. Têm sido experiências diversas que

---

3 Evitar o "espetáculo das mulheres brancas salvando as mulheres escuras (*brown*) dos homens escuros" exigiria impedir que os "de fora" ditassem normas sobre a cultura "do outro". Isso se resolveria incorporando as perspectivas das mulheres do "Sul", cuja compreensão sobre as raízes culturais lhes permitiria detectar e combater as situações de discriminação.

geram também múltiplos, mutáveis e conflitantes interesses não só entre as mulheres senão dentro de cada mulher. (Faria, 1997, p.27)

Um enfoque de gênero, mais do que simplesmente somar aspectos positivos dos anteriores, deveria centrar-se num esforço sistemático de documentar e compreender os múltiplos papéis de homens e mulheres dentro de contextos culturais específicos, bem como as relações entre esses papéis e a trama dos fatores econômicos, sociais, culturais e ambientais que incidem sobre a divisão do trabalho por sexo e papéis produtivos e reprodutivos, produzindo assimetrias por sexo no acesso e no controle de recursos e serviços. Captar a multiplicidade dos diferentes interesses práticos de gênero possibilitaria a construção de estratégias de mudança que superariam as desigualdades que envolvem as mulheres (Molineux), mas sem deixar de incluir as estratégias de mudança dos homens, na busca pela transformação de todos, mulheres e homens, em sujeitos sociais capazes de controlar suas condições de vida e intervir na orientação da dinâmica social.

O mundo das ONGs necessita da ampliação das discussões sobre gênero e desenvolvimento. Pouco se conseguiu sistematizar a partir das experiências desenvolvidas.[4] Apesar dessas lacunas, novas questões, categorias e enfoques adquirem significado, entre eles: empoderamento, promoção e defesa.

---

4 Foi realizado um mapeamento de experiências, projetos, perspectivas e representações de pessoas em agências governamentais e não-governamentais que têm gênero e meio ambiente como vetores e campo de ação (Castro & Abramovay, 1997).

9.
NOVAS EXPERIÊNCIAS: EMPODERAMENTO, PROMOÇÃO E DEFESA

Numa abordagem de gênero pode-se perceber que as propostas e ações de desenvolvimento produzem impactos contraditórios e até negativos para as mulheres, da mesma forma que estas têm menos oportunidades do que os homens para superar obstáculos, inclusive o da pobreza, e menor capacidade de gerar ingressos. A essas referências se acrescenta a compreensão da miséria/exclusão[1] nos seus vários aspectos (étnico, cultural, de gênero, geracional), identificados como privação de recursos, mas também e principalmente como privação de capacidade (não só não ter, mas estar fora de), impossibilidade de participar (não ter poder para tanto), questões que se tornam centrais num planejamento de gênero, que é a consecução da igualdade, da eqüidade e do empoderamento, devendo estar articulado com a identificação das necessidades e estratégias de gênero (Moser, 1991a). Logo, os programas dos governos, órgãos de desenvolvimento, ONGs e terceiro setor devem enfrentar esses desafios.

---

[1] Para uma crítica dos conceitos de "exclusão" e de "inclusão" e uma análise dos conceitos alternativos, cf. Hirata, 1997, e Castel et al., 1997.

O termo empoderamento não deve estar circunscrito à teoria organizacional,[2] mas assumir outros significados no contexto das políticas de desenvolvimento e gênero, já que desde meados da década de 1980 esse termo tem sido utilizado no debate sobre essas políticas, especificamente no que se refere às mulheres.

Deve-se partir da noção de poder como prática social constituída historicamente, e coexistente com múltiplas outras relações/tensões, o que impede pensar em um único poder, mas sim numa trama em movimento, na qual o poder circula e se efetua em cadeia (Foucault, 1979). O empoderamento parte do reconhecimento de que todos têm o poder, que se traduz na necessidade de permitir que os grupos criem suas próprias ações, decidam e executem. A capacidade criativa do poder reporta-se à produção de determinados saberes, que, por sua vez, têm sua gênese nas relações de poder.

Empoderamento pode ser entendido como um processo pelo qual autoridade e habilidades se captam, desenvolvem e facilitam, com ênfase no grupo protagonista e não numa entidade superior que dá poder aos outros (é a antítese do paternalismo), tornando-se a essência da autogestão. Visa criar e dinamizar condições facilitadoras, com participação efetiva, apropriação de capacidades propositivas, negociativas e executivas, evitando que as ações abstraiam as diferenças de gênero na família e na comunidade.

Assim, o empoderamento deve ser entendido como um processo de mudanças das relações de poder com a eliminação das ações de subordinação das mulheres e subversão das práticas instituídas, principalmente no que diz respeito ao exercício do poder. Contudo, as tensões tornam-se inevitáveis, uma vez que as tramas de interesses estão constituídas, sendo pre-

---

2 As contribuições trazidas pelos autores à teoria organizacional têm privilegiado o setor empresarial. No que se refere às ONGs, que se orientam por outra racionalidade, as discussões ainda aparecem de forma tímida. Não é intenção deste trabalho lidar especificamente com as questões postas pela teoria organizacional, nem reproduzir aqui seus autores, mas considerando que as ONGs, principalmente as organizadas em rede, tendem a orientar-se por um outro tipo de racionalidade, elas concentram maior potencial para distinguir-se das organizações convencionais, no que se refere às relações de poder, para equacionar as relações internas e externas à organização.

ciso analisar criticamente as relações interesse/conflito/poder e desejo/poder/defesa/promoção (Durston, 2000).

Nesse sentido é que se torna importante a difusão de novas formas de ação. As ONGs têm um espaço próprio de intervenção, de natureza diferente, com uma estrutura de poder mais fluida, com produtores de determinado tipo de conhecimento, ajuda e direitos, permitindo a constituição dessas outras formas de fazer política, de luta, promoção e defesa — *advocacy*.[3] Os estilos de promoção e defesa refletem a natureza organizacional, social e política dos promotores e difusores, fazendo parte de um processo estratégico de transformação, geralmente de longo prazo, fundamentalmente em objetivos precisos.

As ações de promoção e defesa podem ser desenvolvidas "em nível pessoal, local, nacional, regional e internacional, seja simultaneamente e/ou para produzir sinergia". Promover mudanças e defender transformações democráticas são esforços que exigem a compreensão do sistema de forças em que se pretende interferir, bem como o estabelecimento de compromissos éticos de ação. Compromissos com mudanças de valores, atitudes e comportamentos, de ordem política, legislativa, orçamental, curricular, ou de instituições educacionais, também podem significar a ampliação do espaço nos meios de comunicação (Kyte, 1998).

A elaboração de análises sistêmicas é um pressuposto para promoção e defesa, o que permite a elaboração de estratégias que levem em consideração o tempo, os recursos e as habilidades necessárias – implica reconhecer que promoção e defesa exigem um conjunto de ferramentas para assegurar a médio e longo prazo a existência de uma equipe de trabalho, o financiamento das ações e a sustentabilidade do esforço.

---

3 O termo *advocacy* – traduzido aqui como promoção e defesa – vem do verbo inglês *to advocate*: defender, amparar, apoiar, advogar e argumentar a favor de uma demanda, fundamentar os argumentos. A promoção e a defesa consistem em dar forma a pontos de vista e colocá-los de modo que possam ser compreendidos. Esse processo requer o estabelecimento de habilidades e estratégias específicas e deve basear-se em argumentos bem construídos.

O processo de *advocacy* está sempre acompanhado por um conjunto peculiar de riscos e perigos. Para desenvolver qualquer tipo de promoção, é necessário compreender quais são as prioridades e quais os perigos a ser evitados (Kyte, 1998). Assim, o trabalho de promoção e defesa implica decidir sobre alianças, quando procurar aliados (governo, partidos, agências internacionais ou instituições financeiras), e também situar ou identificar possíveis aliados. Deve-se interrogar sobre como se pode aprová-los, sem ter que fazer grandes concessões.

O processo de *advocacy* constitui-se numa prática que envolve um trabalho complexo e muitas vezes difícil e frustrante. É importante para as ONGs a construção de estratégias criativas, o treinamento de promotores, que seriam os encarregados de trazer para a esfera pública as dimensões conflitivas (denúncias, protestos, em suma, a contestação) e cooperativas (propostas, colaboração na implantação de decisões, construção de legitimidade da gestão pública nas comunidades) e a concretização da solidariedade — o apoio e/ou adesão.

PARTE 3
UMA QUESTÃO DE GÊNERO: ONGs

10.

A PESQUISA: FOCO E DESENVOLVIMENTO

A partir daqui serão analisados os dados advindos da pesquisa, que buscou identificar as questões de gênero e suas relações com as ONGs e o terceiro setor na contemporaneidade brasileira. Levando adiante o desafio de questionar diferentes aspectos desse tema-questão, buscou-se interrogar sobre: quais são as ONGs que incorporam as questões de gênero, sob que perspectiva, a partir de quando e em que aspectos, em quais delas essa questão é central; também como as mulheres se encontram envolvidas nessas ações, como essas ONGs têm trabalhado com o voluntariado, e como têm gabaritado suas lideranças para ações de promoção e defesa com ênfase no gênero, quais as principais ações, práticas e experiências dessas organizações.

O número de ONGs cresce a cada dia. Além das novas organizações, surgem novos projetos que são assumidos por outras já institucionalizadas. Dessa forma, torna-se impossível fazer um levantamento preciso em virtude do movimento e da variação dos dados. Depois de uma extensa pesquisa em diferentes instituições e arquivos, optou-se por utilizar o banco de dados cadastrado na Abong. Esses dados, apesar de limitados às associadas da Abong, constituem-se numa amostra que teve critérios bem estabelecidos e com grande potencial de análise.

Na seqüência da pesquisa foram selecionadas seis ONGs que incorporam em suas demandas centrais questões de gênero. Foram realizadas visitas, entrevistas com alguns de seus membros e coletado material produzido (internamente e para divulgação). São elas: RME (Rede Mulher de Educação), GIV (Grupo de Incentivo à Vida), Fala Preta, CDD.Br (Católicas pelo Direito de Decidir), CFSS (Coletivo Feminista Sexualidade e Saúde) e SMM (Serviço à Mulher Marginalizada).

A Abong se constituiu em 1991, momento de intensas transformações políticas no país e de crescimento do número de ONGs e de sua maior visibilidade. Conforme sua Carta de Princípios, a instituição se propõe a representar um conjunto de organizações sociais

> que têm seu perfil político caracterizado por: tradição de resistência ao autoritarismo; contribuição à consolidação de novos sujeitos políticos e movimentos sociais; busca de alternativas de desenvolvimento ambiental sustentável e socialmente justas; compromisso de luta contra a exclusão, a miséria e as desigualdades sociais; promoção de direitos, construção da cidadania e da defesa da ética na política para a consolidação da democracia. (Abong, 2003)

A pesquisa realizada pela Abong incorporou 196 ONGs (das suas 248 associadas — base nov/2001), das quais foram selecionadas 137 que assumiram ter como beneficiários diretos e/ou indiretos as mulheres. Grande parte delas declarou ter gênero como área temática. Assim, a coleta de informações ficou centrada nesse grupo.

Cabe alertar sobre as controvérsias e interrogações sobre os significados e usos da categoria gênero, que pode ser entendida como "em processo" de incorporação pelas ONGs. Percebe-se que as referências mais comuns de utilização do termo tendem a substituir mulher por gênero, o que afeta uma de suas características centrais, que é o aspecto relacional, e gerar o isolacionismo que a categoria pretende romper. Tem-se que atentar para os múltiplos "significados de gênero" dentro do contexto de emergência e desenvolvimento das ONGs no Brasil, bem como para os seus múltiplos sentidos contidos na categoria, marcadamente o político, incorporando as redefinições das noções de poder, de público e privado, trabalho e provento etc.

O início de tudo: das origens das ONGs

Quanto à origem, a maioria (86%) das ONGs analisadas surgiu nas décadas de 1980 e 1990 (ver figura 1). Esse período coincide com o processo de democratização brasileira, com destaque para várias organizações anteriores que só se institucionalizaram nesse momento. Se na década de 1980 a maior parte delas se vinculava a projetos contestatórios, já no decênio seguinte surgiu uma nova geração de ONGs, voltadas para a mobilização local, e atuando a partir de demandas específicas, plurais, com objetivos que incorporavam o cultural, as causas identitárias e as questões de gênero.

Das ONGs visitadas duas surgiram na década de 1980: a RME, que luta pela construção de creches, e a CFSS, que assume as temáticas de saúde e violência e foi organizada por ativistas feministas no retorno do exílio, inspirada em uma organização européia semelhante.

Como exemplos de ONGs institucionalizadas na década de 1990, temos GIV, Fala Preta, SMM e CDD.Br. O GIV, que assume a missão de cooperação e ajuda aos portadores de HIV/aids, inicialmente foi um grupo de apoio no momento de expansão da aids. Fala Preta foi inicialmente um programa dentro de outra ONG, chamada Géledes, da qual acabou por se desmembrar; da mesma forma a SMM, que surgiu da Pastoral das Mulheres Marginalizadas, da necessidade de trabalhar nas campanhas de prevenção à aids nas zonas de prostituição e enfrentar a resistência da Igreja quanto ao uso de contraceptivos e outras questões de sexualidade, se institucionalizou em 1991. Por fim, a CDD-Br, também da década de 1990, se inspirou em movimento similar norte-americano.

Cabe destacar que esse processo se caracteriza por uma trajetória histórica nada linear, com fluxos e refluxos, entre separatismo e integração. Apesar das dificuldades, pode-se tentar uma certa periodização, com um primeiro momento entre 1975 e 1982, e quando — embora houvesse poucas ONGs institucionalizadas — surgiram diversas experiências novas. Grupos de mulheres reivindicavam melhores condições de vida, mantendo relações dinâmicas com a Igreja e os partidos políticos emergentes, com crescente participação feminina (ver o caso da CFSS).

Nos anos entre 1982 e 1989 ampliaram-se as possibilidades de interlocução com o Estado e a influência das mulheres sobre as ações políticas, quando ocorreu a institucionalização de conselhos (estaduais e nacional) e também o crescimento de núcleos de estudos da mulher nas universidades. Foi um momento de crescimento de influência e luta por direitos. Apesar dos canais abertos, foram poucas as ONGs criadas, e algumas iniciativas anteriores ficaram desativadas ou mesmo desapareceram.

A partir de 1989, ocorreu um certo esgotamento dessa mobilização. Nesse processo foi significativo o desmantelamento do órgão federal representativo – o Conselho Nacional dos Direitos da Mulher (CNDM), marcando o início de revisões inclusive no movimento feminista. Conjuntamente cresciam as expectativas de autonomia, coincidindo com a institucionalização de vários movimentos em ONGs (Correa, 1997, p.19-20).

Na década de 1990, cresceu o número de ONGs feministas, mistas e voltadas para mulheres, sendo esse o momento em que se expandiu o uso da categoria gênero, apesar de, como anteriormente foi ressaltado, o termo vir sendo usado inadvertidamente como sinônimo de mulher. Não se pode esquecer as pressões exercidas pelas agências de financiamento para a incorporação dos enfoques e estratégias de gênero. A dinâmica desse processo tem levado à formação e à expansão das redes contemporâneas e a ações das ONGs que permitem vislumbrar novas possibilidades de aproximação e integração.

Vamos à luta: atuação, região, focos e âmbito

Quanto ao foco de atuação, percebe-se que, apesar de a maioria das sedes das ONGs estar localizada no Sudeste, ocorre uma concentração de ações (34%) no Nordeste (ver figura 3), cabendo lembrar as carências dessa região, com destaque para: dificuldades de desenvolvimento, problemas permanentes como a seca, além de outros problemas sociais crônicos como altas taxas de mortalidade infantil, analfabetismo, concentração fundiária, questões de aproveitamento da terra e migração masculina; diante desse conjunto de dificuldades, é necessário analisar as especificidades do cotidiano feminino e as carências a partir de uma perspectiva de gênero. As ONGs que atuam na região têm entre seus objetivos a busca de alternativas de desenvolvimento sustentável, a luta contra exclusão, miséria e desigualdades sociais, a promoção de direitos e a construção de cidadania.

Quanto ao âmbito de atuação, as ONGs desenvolvem suas ações nos limites do estado (38%) e do município (25%), mas vêm crescendo as ações de abrangência nacional (32%), com especificidades de certas áreas temáticas como mulheres e meio ambiente, sexualidade, violência e saúde. Fica claramente posto que as organizações têm se empenhado em ampliar suas conexões nacionais, organizando redes e prestando serviços.

Todas as ONGs visitadas se articulam em rede. Além de ser associadas à Abong, participam de redes nacionais e internacionais vinculadas à sua área de recorte temático, como educação, sexualidade, violência, saúde, racismo, tráfico de mulheres, entre outras. Quanto à ampliação do âmbito de atuação, a RME opera em todo o país, a Fala Preta, com origem em São Paulo, mantém projetos no Maranhão e no Pará, e a CDD capacita suas multiplicadoras para atuar em todas as regiões.

Esses contatos e ações de nível internacional também foram intensificados pelas articulações, pela participação em redes, em simpósios e pelo financiamento de agências internacionais. A comunicação e integração por meio de redes permite a troca mais ágil de dados, informação e experiências. É o caso da SMM, que além de atuar no Brasil também opera internacionalmente no combate ao tráfico de mulheres e crianças para a prostituição, mantendo interfaces com outras ONGs, com a ONU e com instituições.

Mulheres em movimento: áreas temáticas, modos de atuação e beneficiários (diretos e indiretos)

As áreas temáticas das ONGs pesquisadas se entrecruzam e se diversificam, constituindo uma verdadeira trama, o que dificulta uma interpretação meramente quantitativa, mas reflete o próprio processo de suas tensões, aproximações, prioridades imediatas, permanência de propostas e emergência de novas questões.

Mesmo com dificuldades de identificação de um tema focal, merecem destaque educação e promoção de direito e justiça, que perpassam a maioria das organizações (24%) (figura 5), estando presentes nos movimentos populares, nos grupos que trabalham com saúde, meio ambiente, questões raciais e urbanas, desenvolvimento e várias outras, que por sua vez constituem interfaces entre si.

Além da Rede Mulher de Educação (RME), que tem a educação como área temática prioritária, em todas as ONGs visitadas a educação e a promoção de direito e justiça estiveram em destaque. No CFSS a educação busca atender as mulheres vítimas de violência, mas também os homens agressores, propondo uma "reeducação" destes indivíduos; a Fala Preta busca promoção e justiça de mulheres negras por meio de ações educativas; a GIV centra grande parte das suas ações educativas em campanhas e trabalhos sobre a questão da sexualidade e das doenças sexualmente transmissíveis. Também a CDD se propõe, entre outras ações, a atuar na área de educação e sexualidade da mesma forma que a SMM.

Cabe destacar que, sob a chancela de educação, incorporam-se ações múltiplas e diversificadas, como: alfabetização de crianças, jovens e adultos, capacitação de professores, educadores e organizações populares, complementação escolar e alfabetização digital, além de promoção e garantia dos direitos humanos de mulheres, negros, índios, crianças/adolescentes, sem-teto, sem-terra. Combate-se a prostituição infantil, a violência doméstica e busca-se a eliminação do trabalho infantil, entre outras ações.

Assim, à educação formal soma-se a não-formal, em vários níveis: aprendizagem política dos direitos dos indivíduos enquanto cidadãos, capacitação para o trabalho, aprendizagem e exercício de práticas que capacitam os indivíduos a se organizar com objetivos comunitários, aprendizagem dos conteúdos da educação formal, escolar, em formas e espaços diferenciados, educação desenvolvida na e pelos meios de comunicação, educação para vida ou para a arte de bem viver (Gohn, 1999, p.98-9).

Cabe atentar para a necessidade de ações permanentes no campo da educação numa perspectiva de gênero, visando à renovação de mentalidades, já que ainda persistem as visões sexistas, reproduzindo hierarquias de poder e ações paternalistas para com as mulheres. No que diz respeito às temáticas de atuação, apesar da permanência de certas prioridades, pode-se perceber alterações no correr das trajetórias, com ampliações, redirecionamentos, novos focos e eleição de novas temáticas. Apesar de manter a missão de trabalhar pelos direitos da mulher, a RME, que no seu início centrava-se em ações nos clubes de mães, hoje prioriza a educação em diferentes aspectos. O GIV continua com as ações de apoio aos portadores de HIV/aids, mas ampliou a atuação educativa para diferentes públicos (prioritariamente jovens) na luta pela prevenção de doenças sexualmente transmissíveis. O SMM mantém suas ações preventivas contra a aids na zona de prostituição da Luz (São Paulo), mas também atua nas questões referentes ao tráfico internacional de mulheres. A Fala Preta, que desde suas origens prioriza a questão do racismo, passou a focalizar mais diretamente saúde e educação. A CDD, que se originou em torno da questão do aborto,

> ampliou a ação para as referências a educação sexual, planejamento familiar e vivência plena da sexualidade, direito à livre orientação sexual, a se proteger contra a Aids sem pensar na questão religiosa, ou seja, viver sua sexualidade de maneira segura e prazerosa sem que a religião venha interferir, sem que você se sinta um pecador ao vivenciar sua sexualidade.[1]

Uma questão emergente em todas elas diz respeito à busca pelo desenvolvimento da auto-estima e por ações nesse sentido que pudessem ser transformadoras e empoderadoras.

Destaca-se no modo de atuação o desenvolvimento da "capacitação técnica/política" e assessorias, em que se percebe um crescimento – daí as referências à educação como tema prioritário.

---

1 CDD. Entrevista realizada em 11/12/2003.

Nosso modo de atuação é multiplicador, num projeto da região Nordeste, nós trabalhamos com algumas mulheres no seminário, depois elas vão multiplicando essas idéias. Temos também ações pelo rádio, publicações e a internet, que também auxiliam na multiplicação.[2]

Os modos de atuação são múltiplos. Caberia destacar o trabalho de apoio telefônico às vítimas de violência, que atende em todo o país, e o encaminhamento das vítimas para um abrigo, ações empreendidas pelo CFSS. Também as ações de acolhimento e encaminhamento dos portadores de aids do GIV, de acolhimento às prostitutas do SMM, são dignas de nota.

A maioria das ONGs da pesquisa (51%) tem como beneficiários diretos entre cem e 5 mil pessoas, podendo ser consideradas pequenas e de médio/baixo porte.

Tendo como objetivo o desenvolvimento da consciência crítica e da cidadania com ações voltadas para a organização coletiva, as ONGs identificadas como de gênero têm como beneficiários principais (gráfico 6) não apenas as mulheres (19%), mas outras pessoas diretamente ligadas a elas, como crianças e adolescentes (19%), e como território de suas ações, não só os movimentos sociais (20%), mas também outros sujeitos, que aparecem sob várias outras referências de atuação: professores, negros, índios, terceira idade, moradores de áreas de ocupação.

Das ONGs pesquisadas, a única que declarou preocupar-se com uma atuação voltada para os homens foi o CFSS (Coletivo Feminista Sexualidade e Saúde):

> Não adianta querermos tratar a violência contra a mulher sem os homens terem participação. Se eles são os causadores da violência, por que e de onde vêm essas idéias de que os homens têm que ser violentos? Então nós percebemos que, junto com o Estado e outras parcerias, nós temos que incluir o homem dentro desse "tratamento". Coloco aspas, pois parece que tratamento é de uma doença, mas nós percebemos que se não se conhece o perfil do homem violento, nós não sabemos por que ele bate e como evitar. As mulheres são vítimas da violência dos homens, mas os ho-

---

2 CDD. Entrevista realizada em 11/12/2003.

mens também da violência urbana. O homem causa violência doméstica, mas ele é vítima da violência urbana.[3]

A maior parte das ONGs utiliza-se de práticas de gênero e não de estratégias. Cabe distinguir práticas de gênero de estratégicas de gênero. As primeiras são aquelas que reproduzem os papéis femininos como luta pela melhoria de condições de vida: saúde, sexualidade, educação e cuidados com as crianças, ou luta contra a violência. Nesse sentido, é necessário incorporar ações de interferência e luta que busquem melhorar a qualidade de vida cotidiana das mulheres e de outros que estão sob seus cuidados[4]. Contudo, tais práticas não revertem as assimetrias entre homens e mulheres; para tanto seriam imperativas as estratégias de gênero, ações que de fato redefinissem os papéis e empoderassem as mulheres (Moser, 1998, p.41-65), observando que mulher é um sujeito múltiplo e com amplas necessidades.

---

3 CFSS Entrevista realizada 23/11/2003.

4 Falta também incorporar mais diretamente uma perspectiva de gênero sob o foco do cotidiano, ações pelo investimentos em infra-estrutura (água, esgoto, coleta de lixo), pois essas carências aumentam a carga de trabalho das mulheres, que precisam de mais tempo para se dedicar às atividades domésticas, já que elas são as responsáveis – e talvez as únicas – pela alimentação, pelo abastecimento, pela higiene da casa, das roupas e das crianças. Também ações na área da saúde, visando diminuir o tempo gasto com os tratamentos de saúde, são importantes já que as mulheres são as responsáveis, quase exclusivas, pelo cuidado com a saúde das crianças e idosos da família. São elas que freqüentam os serviços de saúde, permanecendo horas nas filas para conseguir consultas e/ou remédios.

11.

OS DESAFIOS: RECURSOS FINANCEIROS, HUMANOS E INFRA-ESTRUTURA

Financiamentos

Uma das grandes dificuldades das ONGs é a falta de recursos, à qual se somam a dependência de financiamentos e os desafios na gestão destes. Entre as ONGs em geral, pôde-se perceber ao longo do estudo a tendência a um crescimento no valor total de recursos utilizados, aliada a uma diminuição do número dessas entidades com faixas orçamentárias menores, o que parece indicar uma certa tendência de concentração em organizações que enfrentaram o desafio de aperfeiçoamento e/ou profissionalização das formas de captação e gestão dos recursos.

Em virtude do caráter público de suas propostas, as ONGs recebem financiamentos de várias fontes e de diversas formas: convênios, auxílios, agências financiadoras e outras organizações não-governamentais — nacionais ou internacionais —, recursos governamentais, recursos próprios gerados por suas atividades, doações de indivíduos ou empresas, prêmios, campanhas, eventos, etc.

Desde a década de 1990, as ONGs vêm enfrentando grandes desafios, ao mesmo tempo em que aumenta a demanda por seus serviços e cresce o número de ONGs, o que gera concorrência e escassez de recursos. Nesse período, as agências internacionais — suas principais financiadoras [1] — redirecionaram suas prioridades, e também se ampliaram as dificuldades na obtenção de recursos nacionais, com a política de cortes em busca da estabilização monetária, tornando premente buscar novas formas de financiamento e de auto-sustentação, juntamente com os desafios na gestão eficiente dos montantes disponíveis de modo a obter melhores resultados.

Entre os financiadores internacionais aparecem referências constantes a: Fundação Ford, MacArthur, Cyda, Qualition, Global Fans, Kelloggs e Caritan. Além dos tradicionais financiamentos dessas agências internacionais de cooperação (27%), ampliou-se a procura por doações individuais de empresas e de suas fundações e institutos (11%), aumentando a conjunção de esforços e a aproximação com esses setores.

...temos a MacArthur, Ford, Cyda, que é canadense, Qualition... tem outras agências menores ... mas estamos tentando nos associar e buscar recurso com empresas e fundações brasileiras também, é um pouco mais difícil, não digo impossível, mas tem sido um pouco desgastante e os recursos de empresas e fundações brasileiras é muito pequeno perto das fundações internacionais, mas é a necessidade. A MacArthur fechou a linha de crédito para o Brasil, agora ela está só encerrando, ela vai terminar todos que já tem, mas não vai abrir mais.[2]

A busca pela diversificação de fontes e formas de financiamento tem sido o maior desafio das ONGs (ver figura 9), que têm buscado fugir da dependência de financiamento centrado. Para tanto cresce o empenho das

---

1 A queda do muro de Berlim, as tensões políticas do Leste europeu e as migrações desta área e da África para a Europa Ocidental geraram novas prioridades nas agências européias, com um redirecionamento de recursos da América Latina para essas áreas.
2 Fala Preta, entrevista realizada em 11/11/2003.

entidades na captação dos recursos, criando a necessidade de se fazerem mais visíveis para o governo e para a sociedade em geral.

Algumas ONGs têm procurado criar estratégias na direção da autonomia financeira: é o caso da RME com os cursos, palestras e oficinas que ministra em todo o país, sendo contratada por órgãos públicos ou por agências, empresas, institutos e outras ONGs. Outras realizam bazares, atividades beneficentes (GIV), recebem doações dos próprios associados ou se empenham em campanhas para arrecadar fundos.

Apesar da participação descontínua e sem grande planejamento, aumentaram os recursos governamentais (32%, somando as instâncias federais, estaduais e municipais) e as possibilidades de parcerias com o Estado. O GIV mantém convênios com o Ministério da Saúde e secretarias para campanhas de prevenção contra as doenças sexualmente transmissíveis. O CFSS tem parcerias com orgãos municipais e estaduais, delegacias e hospitais que trabalham com violência contra a mulher, da mesma forma que a Fala Preta. O reconhecimento da importância das ações do SMM, referentes ao tráfico internacional de mulheres, levou ao apoio, mais logístico do que financeiro, do Estado através do Ministério das Relações Internacionais e do Judiciário. A única ONG que declarou, devido à sua temática (luta pela legalização do aborto) não receber apoio do Estado foi a CDD.

As dificuldades com o financiamento obrigam as ONGs a enfrentar outros desafios. Geralmente elas não têm que prestar conta às populações-alvo nem ao Estado (só quando ele é o financiador) e seu compromisso é com as agências financiadoras. Por isso, acabam por responder mais a exigências dessas agências do que às necessidades e demandas dos grupos de base, o que pode levar a um distanciamento destes.

Infra-estrutura

As organizações têm procurado garantir uma sede própria, além de outros elementos de infra-estrutura, como computadores, telefones e fax. Cresceu o uso da internet, reconhecido como indispensável para contatos, coleta de informações, participação em discussões, fóruns e conferências — pôde-se perceber sua integração global.

Recursos humanos

Todavia, a maior parte dos recursos captados pelas ONGs é gasto com o quadro de pessoal, que consome grande parte dos orçamentos. Entre as ONGs pesquisadas, 43% têm entre 11 e 50 funcionários; 29% entre um e dez (ver figura 10, anexo). O regime de trabalho desses funcionários é variado, mas a maioria trabalha sobre o regime da CLT.

Quanto à escolaridade, mais da metade dos funcionários possui nível superior e/ou pós-graduação, apresentando um perfil de pessoal capacitado e/ou preocupado com a capacitação. Apesar do crescimento da profissionalização, persiste o dilema entre profissionais *versus* militantes. As "profissionais", apesar da competência, nem sempre possuem proximidade com os grupos atendidos ou aderem às causas feministas, levando ao questionamento de como superar esses limites (Carvalho, 2002, p. 125); já as "militantes", que têm envolvimento com as causas e interagem mais diretamente com os beneficiários, nem sempre têm a capacitação necessária para certas atividades, como por exemplo a formação em Psicologia, Serviço Social, Administração, Direito, Medicina, entre outras.

Apesar de os funcionários acumularem funções variadas e a maior parte deles exercer atividades técnicas ou programáticas, nesses trabalhos destaca-se a presença das mulheres, que se dedicam a várias funções, incluindo a liderança e coordenação das atividades. Essa presença significativa das mulheres não é exclusividade das ONGs de gênero, pois pode ser verificada em todas as outras associadas à Abong.

> Confirmando a tendência apontada nas duas pesquisas realizadas anteriormente, as ONGs se consolidam como espaço de mulheres. Atualmente, elas correspondem a 65,69% do total de pessoas ocupadas nas associadas. A participação do contingente feminino nas funções de direção – detectada em 48,47% – também é superior à masculina. (Abong, 2003, p.20)

Também a pesquisa realizada pelo ISER concluiu que as ONGs são um campo de atividades acentuadamente feminino, assim como outros estudos detectaram a presença marcante das mulheres nos setores sem fins lucrativos (Bruschini, 2000).

Se, em 1995, cerca de 60% da população ocupada no Brasil é masculina e 40% feminina, no caso do setor sem fins lucrativos a coisa se inverte: temos apenas 38,7% de homens e 61,3% de mulheres, em atividades remuneradas. Isso é de se esperar, dado que o "setor sem fins lucrativos" é povoado por profissões femininas, como assistência social, enfermagem, docência, por exemplo. Para o senso comum, as mulheres são especialmente vocacionadas para a ação social, como se sabe. (Landin & Berez, 1999)

As ONGs vão se firmando como território privilegiado do trabalho feminino, buscando romper com a invisibilidade que é imposta às mulheres e com a falsa idéia de que isso se deve à ancestral propensão feminina para o trabalho caritativo e/ou comunitário. Cabe sim explorar as especificidades, formas e potencialidades do trabalho das mulheres, bem como seus limites e dificuldades.

A ação das mulheres nas ONGs, funcionárias, dirigentes ou voluntárias, vai muito além do ato de trabalhar. Suas práticas englobam o envolvimento com causas sociais, enfrentando condições precárias, advindas da natureza das ações sem fins lucrativos. Enfrentam exíguas remunerações, triplas jornadas de trabalho, necessidade de constantes estudos e atualização profissional, adequação das formas de administração e prestação de contas às imposições das agências e dos organismos financiadores. Assim, pode-se dizer que há dois tipos de desafios a ser enfrentados: um de ordem interna ao funcionamento das ONGs e outro de compatibilizar as funções cotidianas das mulheres, suas responsabilidades com a família, as crianças, a sobrevivência e as atividades de trabalho.

A utilização de trabalho voluntário é constante em todas as organizações, das quais 64% declararam trabalhar com voluntários, dos quais cerca de 67% de forma regular (ver figura 11). O crescimento do trabalho voluntário vincula-se às ações que buscam incorporar essas contribuições e à difusão na sociedade da importância dessas ações. As organizações precisam encarar a gestão de recursos humanos como algo que vai além de atrair talentos vocacionados, apaixonados por uma causa. Objetivos sociais, filantrópicos ou similares não podem ser confundidos com descuido na gestão. Boa parte possui política específica de capacitação de voluntários. Buscando desenvolver a consciência crítica e a cidadania, pretendem atrair mais voluntários.

12.

UM TERRITÓRIO FEMININO: DESAFIOS DE GESTÃO

... não é difícil constatar que as ONGs constituem uma nova forma de inscrição das mulheres na esfera pública, ou mais precisamente na sociedade política. Estas organizações fazem com que as mulheres não apenas falem em seu próprio nome, como também intervenham no debate político a partir de práticas que até então estavam relegadas ao último reduto do privado. (Correa, 1997,p.22)

As dificuldades de obtenção de recursos materiais e financeiros têm sido um dos maiores desafios das ONGs, já que deles depende sua sustentabilidade. As agências e setores financiadores em potencial apresentam processos seletivos diferenciados e critérios fixos de concessão dos recursos, assim como as exigências; além das informações restritas, existe a falta de dados precisos, sistemáticos e abrangentes sobre os recursos, as áreas e/ou ações prioritárias.

No enfrentamento da concorrência e da rigorosa seletividade dos agentes financiadores, as ONGs têm exigências de vários aspectos: experiência anterior, comprovação de capacidade de gestão e qualidade dos projetos apresentados. Para tanto é necessária uma uniformização de indicadores de eficiência, eficácia e efetividade das ações. As ONGs vêm começando a perceber que têm que obter resultados concretos e demonstrar o que os recursos utilizados possibilitaram realizar. Isso tem gerado a gradativa substituição da espontaneidade, a informalidade da ação bem-intencionada, por práticas organizadas, pautadas pela racionalidade gerencial (Neves & Costa, 1995, p.47-8).

Cada vez mais, as ONGs pretendem eficiência financeira-administrativa, tentando enfrentar as dificuldades e evitar a suspensão de suas ações por falta de recursos e/ou pessoal. Dessa forma, vêm buscando planos estratégicos de captação de recursos e profissionais especializados na elaboração de projetos, procurando conjugar a lógica social às técnicas de gestão.

Na busca de qualidade e eficácia para suas ações, sem correr o risco de se distanciar de seus objetivos, as ONGs enfrentam o dilema de incorporar estratégias de gestão, planejamento e *marketing*, além de outras ferramentas operacionais concebidas para o setor empresarial, sob a lógica do custo-benefício (Gohn, 2000, p. 65-6).

O aumento do volume de trabalho é um grande desafio para as ONGs, muitas vezes maior do que as dificuldades de ordem financeira. Impõe-se a dificuldade de manter equipes permanentes, o que não pode ser resolvido com a simples contratação temporária e a terceirização de serviços.

Uma grande dificuldade de trabalhar com agências financiadoras é exatamente porque elas não querem pagar recursos humanos. Elas acham que isso tem que entrar como contrapartida, mas então quem paga Recursos Humanos das ONGs ...[1]

Para enfrentar essas e outras dificuldades, as ONGs geralmente optam por soluções domésticas, demonstrando um certo amadorismo e improvisação, como: superposição de funções em razão do número reduzido de pessoas, o que gera maior grau de risco de insucesso em várias atividades, em particular na captação de recursos, mas também no *marketing*, nas atividades de organização interna e no planejamento estratégico.

---

1 Fala Preta, entrevista realizada em 11/11/2003.

Assim, torna-se uma necessidade capacitar para que se possa constituir estratégias específicas que levem ao sucesso e possibilitem a continuidade das ações, sendo um desafio desenvolver e aperfeiçoar: a capacitação dos envolvidos, a captação de recursos (formulação de planos e estratégias, definição de modalidade da captação, fontes alternativas, profissionalização dessa função), a gestão das ONGs (contabilidade, gestão de recursos humanos, prestação de contas, legislação do setor), e o PMA (Planejamento, Monitoramento e Avaliação, com conhecimento/desenvolvimento de metodologias específicas para a definição de indicadores, técnicas de monitoramento e estratégias para a sistematização de experiências).

Para além das antigas formas de gestão, nas quais as decisões eram burocráticas e hierárquicas e as funções, rigidamente estabelecidas, o poder decisório deve ser identificado como gestão compartilhada e ética, incorporando a circularidade de decisões, de liderança, e as parcerias, numa busca de competências, dinamizando o espaço organizacional, o que supõe trabalho em equipe e interfuncionalidade.

Em relação à organização, vem-se buscando dinamizar as discussões em função da participação direta e paritária, do não-monopólio da palavra ou da informação, da busca de rotatividade de eventuais cargos, não-especialização de funções, não-delegação de poderes. Prega-se uma organização horizontal na busca de princípios democráticos, se nas ações tal organização valoriza o reconhecimento da emoção e da sensibilidade, na prática gera o espontaneísmo, avesso à programação, à hierarquia, à direção e ao controle (Heilborn & Arruda, 1995, p.14).

Se todos podem participar formal e indiretamente das decisões sobre a concepção e execução de programas e projetos, que seja a participação direta e informal. Já que a maioria dos gestores e líderes sociais é composta por pessoas capacitadas ou que tem tido preocupação de capacitar-se para avaliar a situação social do país e a questão/luta em que estão envolvidos, a militância é vista positivamente como elemento de empoderamento. Nesse sentido as mulheres, que compõem majoritariamente essa participação, passam a exercer seus micropoderes de forma transformadora.

Apesar de todo o reconhecimento e da importância das ações das ONGs, ainda resta o desafio da falta de visibilidade, aspecto fundamental para a sua continuidade e a garantia dos financiamentos. A luta pela visibilidade das mulheres e de suas ações tem antecedentes históricos. Os ganhos que vêm ocorrendo não são suficientes para acabar com o ocultamento e o "papel secundário" que coube (e ainda cabe) às mulheres na cena política brasileira. Assumir essa permanência gera a necessidade de propor ações de divulgação e de educação de gênero, na busca de reverter a representação de um trabalho "de mulheres e para mulheres" (Vieira, 1999).

Considerando que as ONGs tendem a orientar-se por um outro tipo de racionalidade, concentram maior potencial para se distinguir das organizações convencionais no que se refere às relações de poder, sobretudo as ONGs feministas ou de mulheres, ou ainda as que adotam estratégias de gênero e podem inovar demonstrando na prática a viabilidade de outras formas de poder. Por esse motivo, se, como agentes de mudança, têm o compromisso de transformar as relações de poder, devem — da perspectiva de um desenvolvimento organizacional — reequacionar adequadamente as relações de poder internas à organização.

Cabe destacar que as ONGs e as redes de gênero vêm possibilitando uma maior circularidade das mulheres, ampliando a formulação de referências e análises, a construção e o reorientação de propostas, a formulação de demandas e políticas, a negociação, a implantação, a assessoria ou a implementação de ações, a avaliação de resultados/impasses e limites, na busca de uma sinergia articuladora de desenvolvimento, democratização, bem-estar social e direitos contidos nas políticas públicas.

Essas ações contribuem para denunciar as hierarquias de gênero e reforçar a presença feminina na cena política, possibilitando melhorias na qualidade de vida das mulheres e alargando seus direitos. Contudo, a permanência da centralidade do debate e das iniciativas nos temas-questões das mulheres mantêm desfocados os dos homens, decorrentes constitutivos das relações de gênero (Camurça, 1997).

ALGUMAS CONSIDERAÇÕES FINAIS

Nas últimas décadas, ações internacionais e nacionais vêm possibilitando novas formas de atuação social que abriram caminhos, geraram novas formas sociabilidades, revelaram espaços politizados na busca da cidadania, produzindo novas interfaces políticas que romperam com o lugar amorfo do campo político institucional, e tornaram-se capazes de identificar relações de poder e imaginar maneiras de transformá-las em relações partilhadas.

Reconhecer as tensões, os conflitos e seus campos de negociações implica a procura de saídas para os princípios do mercado ou do Estado, incapazes por si sós de garantir uma regulação social que não seja fragmentária e dispersa. Torna-se necessário admitir várias formas de conhecimento e práticas em face de situações dilemáticas, de novos sujeitos políticos, promotores heterogêneos, assim como objetivos e modos de organização criativos e variados.

Os enfoques e estratégias de ação que têm permeado as políticas de cooperação internacional passam por perpectivas diferenciadas, mas vêm valorizando as questões que envolvem as relações de gênero, uma vez que elas se encontram assentadas e podem ter efeitos e conseqüências sobre as instituições, a sociedade civil e a ordem social, jurídica e política, em que se manifestam as formas e os conteúdos do exercício do poder e da participação cidadã.

O crescente interesse pelas inserções de gênero buscaram a visibilidade das ações femininas e sua valorização na família, estudando e debatendo aspectos relativos a sexualidade, afetividade, dimensões políticas e religiosas, valorizando seu potencial e incentivando a sua própria organização e participação nas propostas diferenciadas de trabalho feitas pelas ONGs.

Nesse sentido, vem sendo crescente a incorporação do gênero como questão fundamental na agenda de financiamentos internacionais e nacionais. A perspectiva de gênero tornou-se útil para inspirar e mapear tensões nas ONGs que lidam com programas que envolvem as mulheres. Esse processo vem ocorrendo com tensões, que criam tendências, geram debates, propõem enfoques, além de resistências e mesmo oposições.

Merecem destaque as mulheres, enquanto promotores e público-alvo. Assim, incorporar as questões de gênero se tornou imperativo. A preocupação mundial de criar condições favoráveis à igualdade de gênero tem fortalecido sua articulação com os temas emergentes de interesse público, tais como direitos humanos, meio ambiente, miséria, reprodução e sexualidade.

As conferências e convenções internacionais da década de 1990 representaram apoio importante às demandas do feminismo e sua integração às políticas públicas. Contudo, o mais significativo, do ponto de vista das práticas do movimento das mulheres, é a aprendizagem de negociação e articulação.

As necessidades de estratégias de gênero formulam-se com base na premência de se reexaminar os papéis e reverter a subordinação das mulheres, na busca por relações mais justas, com condições concretas de sobrevivência das mulheres e da família, na luta e na formulação de estratégias contra a fome e a miséria. Pretende-se, portanto, olhar o potencial das iniciativas de desenvolvimento para produzir mudanças nas relações sociais e de gênero que também facilitem a aquisição de poder por parte das mulheres.

No Brasil, desde a década de 1990, as ONGs feministas e/ou de mulheres estabeleceram uma extensa rede de relações nacionais e internacionais, em grande parte financiadas por fundações com sede no exterior. Nessas redes vêm se procurando difundir as questões e discussões de gênero com o intuito de viabilizar e organizar as ações. Assim, vêm contribuindo para que as ONGs atuem para organizar as mulheres em torno de atividades por elas escolhidas ou ofereçam benefícios concretos — possibilidades de geração de renda, novos conhecimentos e apreciada oportunidade de interação social — e indiretamente estimulem as redefinições dos espaços masculino e feminino, gerando modificações nas interações domésticas e extradomésticas.

As discussões de gênero nas ações e nos projetos são ainda incipientes. As atividades que envolvem mulheres tendem a lhes atribuir "papéis tradicionais", tornando-se necessário detectar quais as noções de gênero têm permeado os vários aspectos do trabalho das ONGs e se essas noções estariam ou não dificultando a percepção de suas práticas.

O que se pode observar nas experiências de projetos que envolvem mulheres foi a necessidade das ONGs de investir mais em programas comunitários, em que as mulheres sejam, mais que objetos de programas, gestoras, com potencialidades criativas em experiências locais (empoderamento). Assim, promoção e defesa (*advocacy*) são atributos que qualificam os componentes, que constroem espaços de trocas de experiências, de formação de redes, de esferas de poder mais democráticas.

Apesar do aperfeiçoamento de todas essas ações, para a maioria das ONGs que assumem uma perspectiva de gênero, restam desafios a enfrentar:

- a dependência financeira dos recursos de cooperação internacional implica ser afetadas por decisões de políticas e prioridades internacionais. Deve-se atentar para a diversificação das fontes de financiamento (Estado, empresas etc.) e buscar o autofinanciamento.
- as ONGs tendem a se concentrar na execução de projetos locais, regionais, canalizando a maior parte dos recursos para isso, muitas vezes esquecendo-se da importância de exercer pressões e/ou mobilização política.
- as ONGs não têm que prestar contas às populações-alvo nem ao Estado. Geralmente seu compromisso de contas é com as agências financiadoras. Assim, acabam por responder mais aos interesses dessas agências do que às necessidades e demandas dos grupos de base, distanciando-se deles.

- as ONGs enfrentam o paradoxo do excessivo profissionalismo e do amadorismo; o profissionalismo, uma necessidade para implementar propostas, tende a isolá-las das bases, ao passo que o amadorismo dificulta sua capacidade de inserir-se em programas e políticas de alto nível técnico.
- as ONGs, em razão das necessidade de captação de recursos, acabam se especializando mais pelas imposições temáticas das agências financiadoras, que dirigem as orientações pela oferta de fundos, do que pelas necessidades das bases.
- apesar da expansão de redes, a maioria das ONGs opera em territórios considerados próprios e ainda enfrenta dificuldades de coordenar-se com as demais, perdendo oportunidades de aproximação, de estabelecer alianças estratégicas, de trocar experiências e de ampliar sua ação para um raio mais amplo e de maior impacto (Figueras, 2003).

REFERÊNCIAS BIBLIOGRÁFICAS

ABONG. ONGs no Brasil. Perfil e catálogo das associadas da Abong. São Paulo: Abong, 2003.

ABRAMOVAY, M. Gênero: el desarrollo sostenible. San Jose, Costa Rica: VICN, ORCA, 1994.

AJAMIL, M. A visão de gênero na cooperação internacional: trajetória histórica e perspectivas. In: NEVES, M. G. R., COSTA, D. M. (Org.). Gênero e desenvolvimento institucional em ONGs. Rio de Janeiro: IBAM/ENSUR/NEMPP, Madrid: Instituto de la Mujer, 1995.

ALCOFF, L. Cultural feminism versus post-structuralism: the identity crisis in feminist theory. Signs (London), v.13, n.3, 1998.

ALVAREZ, S. E. Advocating feminism. The Latin American feminist NGO "Boom". International Feminist Journal of Politics, v.1, 1999.

ANDERSON, J. Intereses o justicia. ¿ Adonde va la discusión sobre la mujer y el desarrollo? Lima: Entre Mujeres, 1992.

BAUMAN, Z. Globalization: The Human Consequences. New York: Columbia University Press, 1998.

BÁVA, S. C. O terceiro setor e os desafios do estado de São Paulo para o século XXI. Campinas: Autores Associados, 2000. (Cadernos Abong, n.27)

BEBBINGTON, A. Reflexões sobre a relação norte-sul na construção de conhecimentos sobre as ONGs na América Latina. In: Ongs e universidades. São Paulo: Abong, 2002.

BECK, U. A invenção da política: rumo a uma teoria da modernização reflexiva. In: BECK, U., GIDDENS, A., LASCH, S. (Orgs.) Modernização reflexiva, política, tradição e estética na ordem social moderna. São Paulo: Editora da UNESP, 1997.

_____. O que é globalização.Equívocos do globalismo. Respostas à globalização. São Paulo: Paz e Terra, 1999.

BENARIA, L., SEN, G. Accumulation, reproduction and women's role in economic development. Sings (Boston), v.7, n.2, 1981.

BERTAUX, D. L'approche biographique: sa validité methodologique, ses potencialités. Cahiers Internacionaux de Sociologie, v.69, 1980.

BERTAUX, D., BERTAUX, W. I. Mistérios da baguette - Padarias artesanais na França: como vivem e por que sobrevivem. *Novos Estudos CEBRAP*, v.19, 1987.

BESSA, K. A. Trajetórias do gênero. *Cadernos Pagú (Campinas)*, n.11 1998.

BOURDIEU, P. Novas reflexões sobre a dominação masculina. In: LOPES, J. et al. (Org.) *Gênero e Saúde*. Porto Alegre: Artes Médicas, 1996.

BRUSCHINI, C., COSTA, A. (Org.) *Uma questão de gênero*. Rio de Janeiro: Fundação Carlos Chagas / Rosa dos Tempos, 1992.

_____. Gênero e trabalho no Brasil: novas conquistas ou persistências da discriminação? In: ROCHA, M. I. B. (Org.) *Trabalho e gênero*: mudança, permanências e desafios. Campinas: NEPO/CEDEPLAR, 2000. v.34, p.13-58.

BURKE, P. (Org.) *A escrita da História*: novas perspectivas. São Paulo: Editora da UNESP, 1992.

BUTLER, J. *Gender Trouble, Feminism and the Subversion of Identity*. New York: Routledge, 1990.

BUVINIC, M. Project for women in the third world: explaining their misbehavior. *World Development (London)*, v. 7, n.11, 1989.

CACCIA BAVA, S. O terceiro setor e os desafios do estado de São Paulo para o século XXI. In: ONGs, identidade, desafios atuais. *Cadernos Abong*, n.27, maio, 2000.

CAMURÇA, S. Gênero e políticas públicas – a quem interessa o debate sobre o tema. In: Gênero: o olhar que transforma. *Cadernos Abong*, n.22, 1997.

CANCLINI, N. G. *Consumidores e cidadãos, conflitos multiculturais da globalização*. Rio de Janeiro: UFRJ, 1995.

CARVALHO, D. G. *Mulheres na coordenação de organizações do terceiro setor no município de São Paulo (1990-2000)*. Campinas, 2002. Dissertação (Mestrado) – Universidade de Campinas.

CASTELLS, M. *A era da informação, economia, sociedade e cultura*: O poder da identidade. Trad. Klaus Brandini Gerhardt. São Paulo: Paz e Terra, 1999. v.2.

CASTORIADIS, C. *A instituição imaginária da sociedade*. Rio de Janeiro: Paz e Terra, 1982.

_____. *As encruzilhadas do labirinto 2* – O domínio do homem. São Paulo: Paz e Terra, 1987.

CASTRO, M. G., ABRAMOVAY, M. *Gênero e meio ambiente*. São Paulo: Cortez, 1997.

CEPAL. *Una década de luces y sombras*: America Latina y Caribe en los años noventa. Bogota, DC, CEPAL: Alfaomega, 2001.

CHARTIER, R. Diferenças entre os sexos e dominação simbólica. *Cadernos Pagú* (*Campinas*), n.4, 1995.

COELHO, S. C. T. *Terceiro setor:* um estudo comparativo entre Brasil e Estados Unidos. São Paulo: Senac, 2000.

CORREA, S. Gênero e desenvolvimento: de que estamos falando? *Cadernos Abong*, n.22, 1997.

_____. ONGs de mulheres: trajetórias e os usos do gênero. *Cadernos Abong*, n.22, 1997.

COSTA, D. M., GLEISE, H. N. Desenvolvimento institucional, gênero e ONGs: um debate possível. In: NEVES, M. G. R., COSTA, D. M. (Orgs.) *Gênero e desenvolvimento institucional em ONGs.* Rio de Janeiro: IBAM/ ENSUR/NEMPP, Madrid: Instituto de la Mujer, 1995.

DOIMO, A. M. O movimento popular e as ONGs de redes sociais movimentalistas. *Encontro Anual da Anpocs* (*Caxambu*), n.17, 1993.

_____. ONGs no Brasil pós-70: da educação popular à luta pela cidadania. *Reunião Anual da SBPC* (*Vitória*), n.46, 1994.

_____. *A vez e a voz popular:* movimentos sociais e participação política no Brasil pós-70. Rio de Janeiro: Relume-Dumará /Anpocs, 1995.

DOWBOR, L. Da globalização ao poder local: a nova hierarquização dos espaços. In: FREITAS, M. C. (Org.) *A reinvenção do futuro.* São Paulo: Cortez, 1996.

DRUCKER, P. *Administração de organizações sem fins lucrativos.* São Paulo: Pioneira, 1994.

DURSTON, J. ¿*Que es capital social comunitario?* Santiago (Chile): CEPAL, 2000. (Politicas sociais, 38.)

FARIA, N. *Gênero e planejamento.* I. *Cadernos Abong,* n.22, 1997.

FERNANDES, A. M. O paradigma clássico versus o surgimento de um novo paradigma de ciência e da tecnologia e suas relações com o homem, a natureza, a história e a cultura. *Cadernos de Sociologia* (*Porto Alegre*), v.4, 1993.

FERNANDES, R. C. *Privado porém público:* o terceiro setor na América Latina. Rio de Janeiro: Relume-Dumará, 1994.

_____. O que é o terceiro setor?. In: IOSCHPE, E. B. et al. *3º setor:* desenvolvimento social sustentado. Rio de Janeiro: Paz e Terra, 1997.

FIGUERAS, J. D. -A. Capital social, organizaciones de base y el Estado: recuperando los eslabones perdidos de la sociabilidad. In: *Capital Social y reduccion de la pobreza en América Latina y el Caribe*: en busca de un nuevo paradigma. Santiago del Chile: CEPAL, Michigan State University, 2003.

FISCHER, Tânia & Carvalho. Poder local, redes sociais e gestão pública em Salvador – Bahia. In: *Poder local, governo e cidadania*. Rio de Janeiro: FGV, 1993.

FOUCAULT, M. *As verdades e as formas jurídicas*. Rio de Janeiro: PUC, 1979.

FRASER, N. Women, welfare and the politics of need interpretation. In: *Unruly Practices: Power, Discourse and Gender in Contemporary Social Theory*. Minneapolis: University of Minnesota Press, 1989.

_____. Rethinking the public sphere: a contribution on the critique of actuality existing democracy. In: *Justice Interrupts*: critical reflections on the post-socialist condition . New York: Routledge, 1997.

GADAMER, H.-G. *Truth and Method*. New York: Crossroad, 1984.

GIDDENS, A. *As conseqüências da modernidade*. São Paulo: Edusp, 1991.

_____. *Para além da esquerda e da direita*. O futuro da política radical. São Paulo: Editora da UNESP, 1996.

GOHN, M. G. Organizações não-governamentais – ONGs: a modernidade da participação social. Cidadania/Textos. In: _____. *ONGs, parcerias e educação popular*. São Paulo: Gemdec/Unicamp, 1994.

_____. *Os sem-terra, ONG e cidadania*. São Paulo: Cortez, 1997.

_____. *Educação não formal e cultura política*: impactos sobre o associativismo do terceiro setor. São Paulo: Cortez, 1999.

_____. *Teoria dos movimentos sociais*. Paradigmas clássicos e contemporâneos. São Paulo: Loyola, 2000a.

_____. *Mídia, terceiro setor e MST*: impactos sobre o futuro das cidades e do campo. Petrópolis: Vozes, 2000b.

GUZMAN, V., PORTOCARRERO, P., VARGAS, V. (Org.) *Una nueva lectura*: género en el desarrollo. Lima: Entre Mujeres, 1991.

HADDAD, S. *ONGs e universidades*. São Paulo, Abong, 2002.

HABERMAS, J. Técnica e ciência enquanto ideologia. In: *Textos escolhidos*. São Paulo: Abril, 1975 (Os Pensadores).

HARAWAY, D. *Simians, Cyborgs and Women*. The reinvention of nature. New York: Routledge, 1991.

HARDING, S. A instabilidade das categorias analíticas na teoria feminista. *Estudos feministas* (Rio de Janeiro - CIEC/ECO/UFRJ), v.1, n.1, 1993.

HEILBORN, M. L., ARRUDA, Â. Legado feminista e ONGs de mulheres: notas preliminares. In: NEVES, M. G. R., COSTA, D. M. *Gênero e desenvolvimento institucional em ONGs*. Rio de Janeiro: IBAM/ ENSUR/NEMPP, Madrid: Instituto de la Mujer, 1995.

HIRATA, H., DOARÉ, H. Os paradoxos da globalização. In: O trabalho das mulheres. *Cadernos Sempreviva*. São Paulo: SOF, 1999.

HOGAN, D. J. *Crescimento y distribuicion de la populacion*: su relacion com el desarrollo y el medio ambiente. Santiago: Nações Unidas, 1992 (Documento de Referência ddr/5).

JELIN, E., FEIJOÓ, E. Trabajo e familia en el ciclo de vida feminino. El caso de los setores populares em Buenos Aires. *Estudos* CEDES (*Buenos Aires*), v.3, n.8 e 9, 1984.

KYTE, R. Advocacy para a mudança das políticas públicas no campo da saúde e dos direitos sociais e reprodutivos. In: AGENDE/CENTRO DE LA MUJER PERUANA (Coord.). *Além do Cairo e Beijing*: fortalecendo as ONGs na América Latina. México: Flora Tristan, 1998.

LABRECQUE, M.-F. Résistance et mondialisation: femme d'Amerique latine, travail et crise. In: SOARES, A. (Ed.) *Stratégies de resistance et travail des femmes*. Paris/Québec: L'Harmattan, 1997.

LANDIM, L. *Para além do mercado e do Estado*? Filantropia e cidadania no Brasil. Rio de Janeiro: Iser, 1993a.

_____. A *invenção das ONGs*: do serviço invisível à profissão sem nome. Rio de Janeiro, 1993b. Tese (Doutorado) – Universidade Federal do Rio de Janeiro.

_____. *Mercado de trabalho no terceiro setor está em expansão*: Entrevista à RETS, 1999. (mimeogr.)

_____, BEREZ, N. *Ocupações, despesas e recursos*: as organizações sem fins lucrativos no Brasil. Rio de Janeiro: NAU, 1999.

_____. Múltiplas identidades das ONGs. In: *ONGs e universidades*. São Paulo: Abong, 2002.

LASH, S. A reflexividade e seus duplos: estrutura, estética, comunidade. In: GIDDENS, A., BECK, U., LASH, S. *Modernidade reflexiva, política, tradição e estética na ordem social moderna*. São Paulo: Editora da UNESP, 1995a.

LASH, S. Ambientalismo: um projeto realista utópico para a política mundial. In: *Meio ambiente, desenvolvimento e cidadania*: desafio para as ciências sociais. São Paulo: Cortez, Florianópolis: Edufsc, 1995b.

LIPNAK, J., STAMPA, J. *Network: redes de conexões*. Trad. M. Scoss. São Paulo: Aquariana, 1992.

MATOS, M. I. S. Do público para o privado: redefinindo espaços. *Cadernos Pagú (Campinas)*, p.97-115, 1995.

_____. Na trama urbana: do público, do privado e do íntimo. *Projeto História (São Paulo, Educ)*, n.13, p.129-49, 1996.

_____. (Org.) *Gênero em debate: trajetória e perspectivas contemporâneas*. São Paulo: EDUC, 1997.

_____. *Meu lar é o botequim: alcoolismo e masculinidade*. São Paulo: Cia. Editora Nacional, 2001.

_____. *História, cotidiano e cultura*. São Paulo: EDUSC, 2002.

_____. *Por uma história das mulheres*. 2.ed. São Paulo: EDUSC, 2003.

_____. Por uma história das sensibilidades em foco a masculinidade. *História, questões e debates (Curitiba - UFPr)*, n.34, p.45-63, 2001.

MENDES, L. C. A. *Para onde vão as ONGs?*: de assessorias informais de apoio a organizações profissionais estruturadas. Brasília, 1997. Dissertação (Mestrado) – Departamento de Administração, Universidade de Brasília.

MOLINEUX, M. La mujer, el estado y la revolución: el caso de Nicaragua. *Inprecor*, n.66, [data?].

MONTAÑO, S. Políticas para el empoderamiento de las mujeres como estratégia de lucha contra la pobreza. In: *Capital social y reduccion de la pobreza en América Latina y el Caribe*: en busca de un nuevo paradigma. Santiago del Chile: CEPAL, Michigan State University, 2003.

MOSER, C. *Estudio mundial*: papel de la mujer em el desarrollo. New York: Nações Unidas, 1989a.

_____. Gender planning in the third world: meeting pratical and strategic gender needs. *World Development (London)*, v.7, n.11, 1989b.

_____. Género y planificacion. In: *Género y desarrollo*. Lima: Entre Mujeres, 1991a.

_____. La planificación de gênero en el Tercer Mundo: enfrentando las necesidades práticas y estratégias de gênero. In: GUZMAN, V., PORTO-

CARREERO, P., VARGAS, V. (Comp.) *Uma nueva lectura: género en el desarollo*. Lima: Entre Mujeres, 1991b.

MOSER, C. LEVI, C. Género, capacitación e planificación. In: BARRIG, M. *De vicinas e ciudadanas*: la mujer en el desarrollo urbano. Lima: Zumbi, 1998. p.41-65.

MOTTA, P. R. *Gestão contemporânea*: a ciência e a arte de ser dirigente. Rio de Janeiro: Record, 1991.

OCAMPO, J. A. (Coord.) *Globalización y desarrollo*. Santiago (Chile): CEPAL, 2002.

OKEKE, P. Postmodern feminian and political economy of cross-cultural scholarship un sub-Saharan África. In: *Praxis, Nexus: Feminist Methodology, Theory, Community. Conference Paper (Victoria)*, n.1, 1996.

OLIVEIRA, M. D. *Cidadania e globalização*: a política externa brasileira e as ONGs. Brasília: Itamarati, 1997.

OLIVEIRA, P. P. Discursos sobre a masculinidade. *Estudos Feministas (Rio de Janeiro)*, v.6, IFCS/UFRJ, 1998, p.91-113.

PARPART, J. L. ¿*Quiven es el "otro"*? Una critica feminista posmoa de la teoria y la mactia de muyer y desarrollo. Lima: Entre Muyeres, 1994.

PERROT, M. Les Femmes, le pouvoir, l'histoire. In: *Une histoire de femmes est-elle possible*? Paris: Rivage, 1984.

PISCITELLI, A. *Third World Practices, First World Funding and the Women Between*: a case study in Brazil. Campinas: Pagu, Unicamp, 1998.

_____. *Paradoxos: perspectivas contemporâneas de gênero no embate entre feminismos globais e ativismos locais*. Campinas: Pagu, Unicamp, 2001.

POLANYI, K.. *The Great Transformation*. Boston: Beacon Press, 1944.

PORTOCARRERO, P. Mujer en el desarrollo: história, limites y alternativas. In: *Mujeres y desarrollo*. Madrid: Editoral Lepala, 1990.

RAZETO, L. Economia de solidariedade e organização popular. In: *Educação comunitária e economia popular*. São Paulo: Cortez, 1993.

SADER, E. *Quando novos personagens entram em cena*. São Paulo: Paz e Terra, 1989.

SANDA, C. T. *Estudo sobre o processo avaliativo de projetos sociais*. São Paulo, 2000. Dissertação (Mestrado) – [Programa de Pós-Graduação em Serviço Social], Pontifícia Universidade Católica.

SANTOS, B. S. *Pela mão de Alice*. O social e o político na pós-modernidade. São Paulo: Cortez, 1997.

SANTOS, B. S. A crítica da razão indolente, contra o desperdício de experiência. São Paulo: Cortez, 2000. v.1.

SANTOS, G. B. Desenvolvimento institucional. Uma estratégia. Rev. Adm. Públ. (Rio de Janeiro), v.14, n.3, jul/set., 1980.

SCHERER-WARREN, I. Sujeitos emergentes, práticas e valores. Brasília: CNNN, Arte e Movimento, 1993.

SCHERER-WARREN, I. Organizações não-governamentais na América Latina: seu papel na construção da sociedade civil. São Paulo em perspectivas, São Paulo, v.8, n.3, jul-set. 1994.

SCOTT, J. W. The problem of invisibility. In: KLEINBERG, J. (Comp.) Retrieving women's history. Paris: Unesco/Berg., 1989, p.5-29.

_____. Gênero: uma categoria útil para análise histórica. Recife: SOS Corpo, 1991.

SECKIGUCHI, C. Internalizar as externalidades ou incluir os excluídos da sociedade? Reflexões sobre as potencialidades e limitações para o desenvolvimento de uma economia política de sustentabilidade no Brasil. 1997. São Paulo, 1997. Dissertação (Mestrado) – Faculdade de Filosofia, Letras e Ciências Humanas, Universidade de São Paulo.

SENNETT, R. O declínio do homem público: as tiranias da intimidade. São Paulo: Companhia das Letras, 1995.

SILVA, A. A. Do privado para o público: ONGs e os desafios da consolidação democrática. Cadernos do CEAS (Salvador), v.146, jul/ago. 1993.

_____. Cidadania, conflitos e agendas sociais: das favelas urbanizadas aos fóruns globais. São Paulo, 1996. Tese (Doutorado) – Faculdade de Filosofia, Letras e Ciências Humanas, Universidade de São Paulo.

SORJ, B. O feminismo na encruzilhada da modernidade e pós-modernidade. In: COSTA & BRUSCHINI. Uma questão de gênero. Rio de Janeiro: Fundação Carlos Chagas, Rosa dos Ventos, 1992.

SOUZA-LOBO, E. A classe operária tem dois sexos: trabalho, dominação e resistência. São Paulo: Brasiliense, 1991.

STRATHERN, M. The Gender of the Giff. California: University of California Press, 1988.

_____. Between a Melanesianist and Feminist. Reproducing the future, Antropology, kinship and the new reproductive technlogies. New York: Routhedge, 1992.

THAYER, M. Feminismo transnacional: re-lendo Joan Scott no sertão. *Revista Estudos feministas* (Santa Catarina), v.9, jan-jun. 2001.

TOURAINE, A. *Em defesa da Sociologia*. Rio de Janeiro: Zahar, 1976.

_____. *Crítica da modernidade*. Petrópolis: Vozes, 1994.

VALDERRAMA. M. L., COSCIO, L. P. (Orgs.) *Cambio y fortalecimento institucional de los organizaciones no gobernamentables en América Latina*. Buenos Aires: Ficong/Alop, 1998.

VARGAS CUTTELL, J. Los trabajos de Sísifo: Apuntes para una discussión acerca de la autosustentabilidad de las ONGs. *Pobreza Urbana e Desarrollo* (Buenos Aires), v.1, n.3, p.49-55.1992.

VARIKAS, E. *Feminism, modernité, posmodernisme*: observátion pour un dialogue dês deux cotes de l'océan, 1993.

VEYNE, P. *Como se escreve a História*. Brasília: UnB, 1982.

VIEIRA, V. *Educomunicando – intervenção comunicacional das ONGs para a visibilidade de discurso e a conquista de novas parcerias. Estudo de caso: Rede Mulher*. São Paulo, 1999. (Monografia de especialização) – Escola de Comunicação e Artes, Universidade de São Paulo.

WANDERLEY, L. E. W. ONGs e universidades: desafios atuais. *ONGs e Universidades* (São Paulo), Abong, 2002.

YOUNG, K. Reflexiones sobre cómo enfrentar la necessidad de las muyeres. In: GUZAMAN, V., PORTOCARRERO, P., VARGAS, V. (Comp.) *Una nueva lectura*: género en el desarrollo. Lima: Entre Muyeres, 1991.

ANEXO

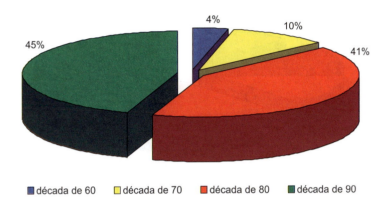

Figura 1 – Ano de fundação
Fonte: ONGs no Brasil 2002 perfil e catálogos das associadas à ABONG

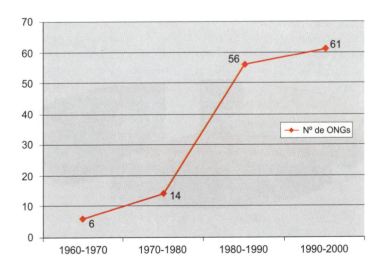

Figura 2 – Ano de fundação
Fonte: ONGs no Brasil 2002 perfil e catálogos das associadas à ABONG

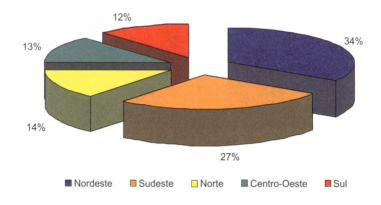

Figura 3 – Região de atuação
Fonte: ONGs no Brasil 2002 perfil e catálogos das associadas à ABONG

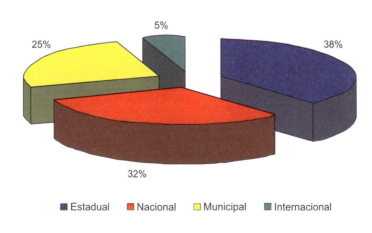

Figura 4 – Âmbito de atuação
Fonte: ONGs no Brasil 2002 perfil e catálogos das associadas à ABONG

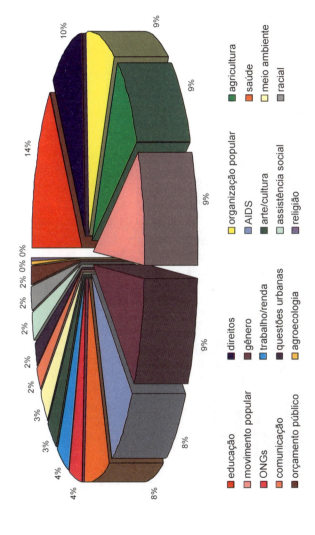

Figura 5 – Áreas temáticas
Fonte: ONGs no Brasil 2002 perfil e catálogos das associadas à ABONG

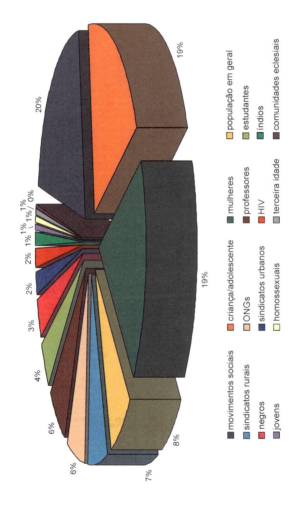

Figura 6 – Beneficiários principais
Fonte: ONGs no Brasil 2002 perfil e catálogos das associadas à ABONG

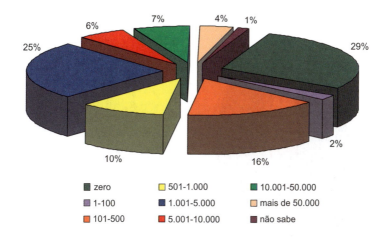

Figura 7 – Número de beneficiários diretos
Fonte: ONGs no Brasil 2002 perfil e catálogos das associadas à ABONG

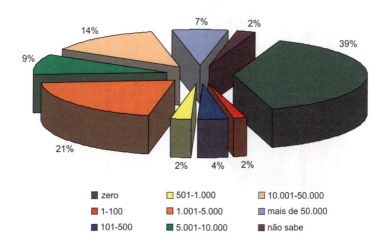

Figura 8 – Número de benificiários indiretos
Fonte: ONGs no Brasil 2002 perfil e catálogos das associadas à ABONG

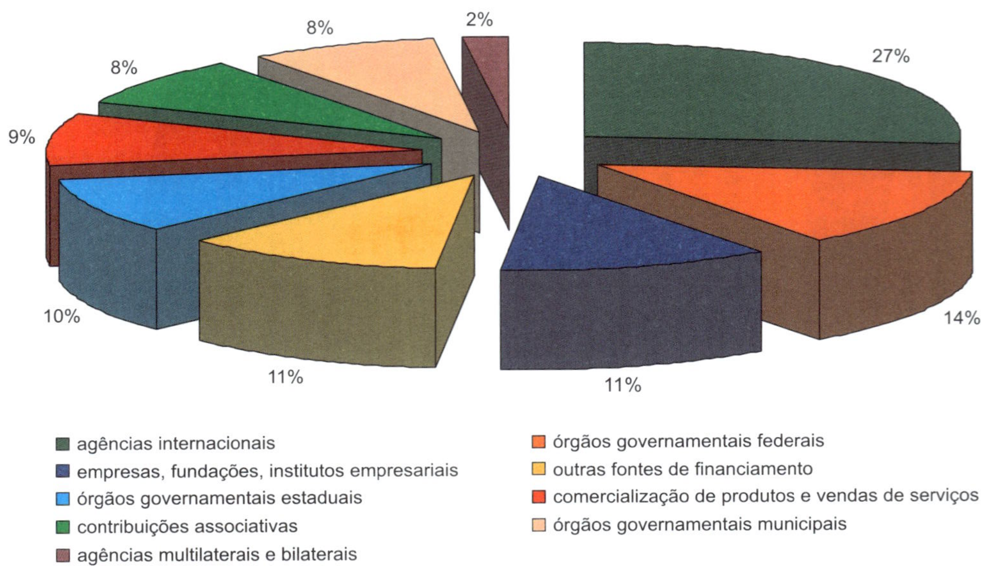

Figura 9 - Fontes de recursos
Fonte: ONGs no Brasil 2002 perfil e catálogos das associadas à ABONG

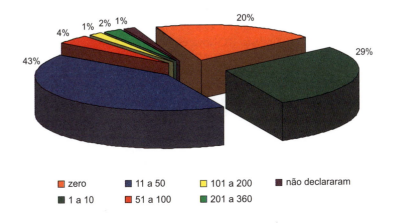

■ zero ■ 11 a 50 ☐ 101 a 200 ■ não declararam
■ 1 a 10 ■ 51 a 100 ■ 201 a 360

Figura 10 - Número de funcionários
Fonte: ONGs no Brasil 2002 perfil e catálogos das associadas à ABONG

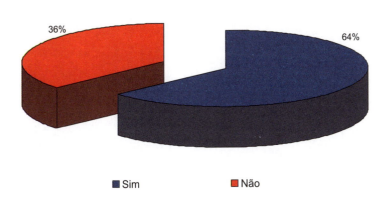

■ Sim ■ Não

Figura 11 - Utilização de trabalho voluntário
Fonte: ONGs no Brasil 2002 perfil e catálogos das associadas à ABONG

Sobre o livro

Formato: 14 x 21 cm
Mancha: 25 x 39,5 paicas
Tipologia: ITC Novarese Book 10/14
Papel: Offset 75 g/m² (miolo)
Cartão Supremo 250 g/m² (capa)
1ª edição: 2005

Equipe de realização

Coordenação de Produção
Sidnei Simonelli

Produção Gráfica
Anderson Nobara

Preparação de Original
Daniel Seraphim

Revisão de Texto
Mauricio Balthazar Leal

Editoração Eletrônica
Guacira Simonelli (Supervisão)
R2 - Criações (Diagramação)

Impressão e Acabamento
na Gráfica Imprensa da Fé